LI'L BIT BOOK

of

THE BLUES

CW00551603

ISBN: 978-1-84938-864-1

HAL•LEONARD®

Visit Hal Leonard Online at
www.halleonard.com

Contact us:
Hal Leonard
7777 West Bluemound Road
Milwaukee, WI 53213
Email: info@halleonard.com

In Europe, contact:
Hal Leonard Europe Limited
42 Wigmore Street
Marylebone, London, W1U 2RY
Email: info@halleonardeurope.com

In Australia, contact:
Hal Leonard Australia Pty. Ltd.
4 Lentara Court
Cheltenham, Victoria, 3192 Australia
Email: info@halleonard.com.au

All Your Love (I Miss Loving)

Words & Music by Otis Rush

Am7	Dm7	Em7	A5	D5	E5
fr5	fr5	fr7	fr5	fr5	fr7

Intro | *Drums* | Am7 | Am7 | Am7 |

| Am7 | Dm7 | Dm7 | Am7 |

| Am7 | Em7 | Dm7 | Am7 ‖

Verse 1

    N.C.   **Am7**
All the love in this loving, all the kiss in this kissing.
              Dm7   **Am7**
All the love in this loving, all the kiss in this kiss - ing.
              Em7 Dm7   **Am7** **N.C.**
Before I met you baby, never knew what I was missing.

Verse 2

    (N.C.)   **Am7**
All your love, pretty baby, that I got in store for you.
             Dm7   **Am7**
All your love, pretty baby, that I got in store for you.
              Em7 Dm7   **Am7 N.C.**
I love you pretty baby, well I say you love me too.

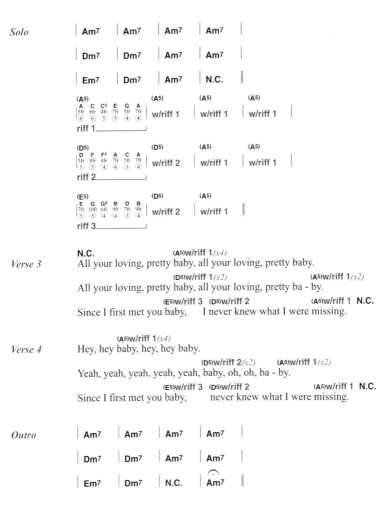

Baby, Please Don't Go

Words & Music by Joe Williams

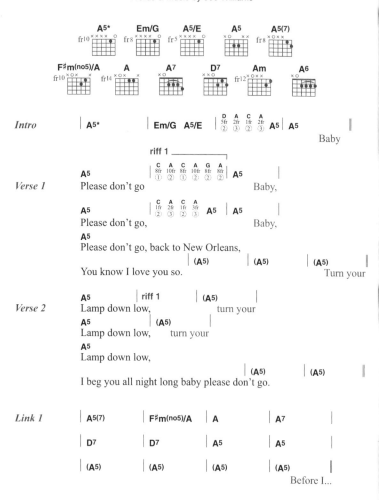

Intro | **A5*** | **Em/G A5/E** | **A5** | **A5** ‖

Baby

Verse 1 **A5** | **A5** |

Please don't go Baby,

A5 | **A5** | **A5** |

Please don't go, Baby,

A5

Please don't go, back to New Orleans,

| **(A5)** | **(A5)** | **(A5)** ‖

You know I love you so. Turn your

Verse 2 **A5** | **riff 1** | **(A5)** |

Lamp down low, turn your

A5 | **(A5)** |

Lamp down low, turn your

A5

Lamp down low,

| **(A5)** | **(A5)** ‖

I beg you all night long baby please don't go.

Link 1 | **A5(7)** | **F♯m(no5)/A** **A** | **A7** |

| **D7** | **D7** | **A5** | **A5** |

| **(A5)** | **(A5)** | **(A5)** | **(A5)** ‖

Before I...

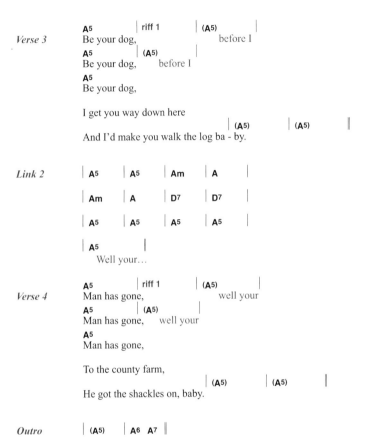

Verse 3

A5 | riff 1 | **(A5)** |
Be your dog, before I

A5 | **(A5)** |
Be your dog, before I

A5
Be your dog,

I get you way down here

| **(A5)** | **(A5)** ‖
And I'd make you walk the log ba - by.

Link 2

| **A5** | **A5** | **Am** | **A** |

| **Am** | **A** | **D7** | **D7** |

| **A5** | **A5** | **A5** | **A5** |

| **A5** ‖
Well your...

Verse 4

A5 | riff 1 | **(A5)** |
Man has gone, well your

A5 | **(A5)** |
Man has gone, well your

A5
Man has gone,

To the county farm,

| **(A5)** | **(A5)** ‖
He got the shackles on, baby.

Outro

| **(A5)** | **A6 A7** ‖

9

Baby, What You Want Me To Do?

Words & Music by Jimmy Reed

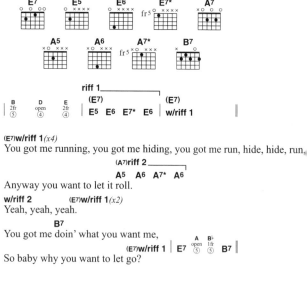

Intro

| B 2fr ⑤ | D open ④ | E 2fr ④ | riff 1 _____
(E7)
E5 E6 E7* E6 | (E7)
w/riff 1 || |

Verse 1

(E7)w/riff 1 *(x4)*
You got me running, you got me hiding, you got me run, hide, hide, run.

(A7)riff 2 _____
A5   A6   A7*   A6
Anyway you want to let it roll.

w/riff 2   **(E7)w/riff 1** *(x2)*
Yeah, yeah, yeah.

B7
You got me doin' what you want me,

(E7)w/riff 1 | **E7** A open ⑤ B♭ 1fr ⑤ **B7** ||
So baby why you want to let go?

Verse 2

(E7)w/riff 1 *(x4)*
Going up, going down, going up, down, down, up,

(A7)w/riff 2 *(x2)*
Anyway you want to let it roll.

(E7)w/riff 1 *(x2)*
Yeah, yeah, yeah.

B7
You got me doin' what you want me,

(E7)w/riff 1 | **E7** A open ⑤ B♭ 1fr ⑤ **B7** ||
So baby why you want to let go?

Instrumental	(E7)**w/riff 1** *(x4)*	E7	E7	E7	
	(A7)**w/riff 2** *(x2)*	A7	(E7)**w/riff 1** *(x2)*	E7	
	B7	B7	(E7)**w/riff 1**	E7 A open (5) B♭ 1fr (5) B7	‖

Verse 3

(E7)**w/riff 1** *(x4)*
You got me beeping, you got me hiding,

You got me beep, hide, hide, beep,

(A7)**w/riff 2** *(x2)*
Anyway you want to let it roll.

(E7)**w/riff 1** *(x2)*
Yeah, yeah, yeah.

B7
You got me doin' what you want me,

(E7)**w/riff 1** | E7 A open (5) B♭ 1fr (5) B7 ‖
So baby why you want to let go?

Outro

As Instrumental *To fade*

Ball And Chain

Words & Music by Willie Mae Thornton

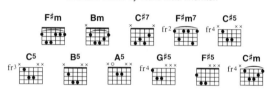

N.C *(Lead guitar and drums)*

Intro

| F♯m | Bm | F♯m | F♯m |

| Bm | Bm | F♯m | F♯m |

| C♯7 | Bm | F♯m Bm | C♯7 ‖

Verse 1

F♯m
    Sittin' down by my window,
Bm   F♯m   F♯m7
    Honey, lookin' out at the rain.
                  Bm
Lord, Lord, Lord,   sittin' down by my window,
              F♯m   F♯m7
Baby, lookin' out at the rain.
C♯5   C5   B5
    Somethin' came along, grabbed a hold of me,
         A5   G♯5   F♯m
And it felt   just like a ball and chain.
                Bm   C♯5
Honey, that's exactly what it felt like,

Honey, just dragging me down.

Verse 2

              F♯m   Bm
And I say, oh, whoa, whoa, now hon', tell me why,
                         F♯m
Why does every single little tiny thing I hold on goes wrong?
         F♯m7
Yeah it all goes wrong, yeah.
         Bm
And I say, oh, whoa, whoa, now babe, tell me why,
        F♯m   F♯m7
Why does every thing, every thing.

cont.

       C#5   C5 Bm
Hey, here you gone today, I wanted to   love you,

                                   F#m
Honey, I just wanted to hold you, I said, for so long,

Bm   C#5
  Yeah!   All right! Hey!

Verse 3

F#m
  Love's got a hold on me, baby,

Bm   F#m   F#m7
  Feels   just like a ball and chain.

Bm
Now, love's just draggin' me down, baby, yeah,

           F#m   F#m7
Feels like a ball and chain.

C#5
  I hope there's someone out there who could tell me

     C5 B5   F#5
Why the man I love wanna leave me in so much pain.

      B5   C#5
Yeah, maybe, maybe you could help me, come on, help me!

Verse 4

           F#m   Bm
And I say, oh, whoa, whoa, now hon', tell me why,

 N.C   F#m   F#
Now tell me, tell me, tell me, tell me, tell me, tell me why, yeah.

         Bm
And I say, oh, whoa, whoa, whoa, when I ask you,

       F#m
When I need to know why, c'mon tell me why, hey hey hey,

C#m   C5 Bm
  Here you've gone today, I wanted to   love you and hold you

        F#m Bm   C#5
Till the day I die,   I said   whoa, whoa, whoa!

Guitar Solo

F#m	Bm	F#m	F#m	
Bm	Bm	F#m	F#m	
C#7	Bm	F#m Bm	C#5	‖

Verse 5

           F#m
And I say oh, whoa, whoa, no honey

           Bm N.C   F#m
It ain't fair, daddy it ain't fair what you do,

I see what you're doin' to me and you know it ain't fair.

13

cont.

      Bm
And I say   oh, whoa whoa now baby

      N.C   **F#m**
It ain't fair, now, now, now, what you do

I said hon' it ain't fair what, hon' it ain't fair what you do.

    C#m   **C5** **Bm**
Oh,   here you gone today and all I   ever wanted to do

      F#m
Was to love you

Bm   **C#5**
    Honey I just know there can't be nothing wrong   with that,

Hon' it ain't wrong, no, no, no, no, no.

    F#m7   **F#m**
Verse 6   Sittin' down by my window, lookin' at the rain.

Bm
Lord, Lord, Lord, sittin' down by my window,

F#m
Lookin' at the rain, see the rain.

C#m   **Bm**
    Somethin' came along, grabbed a hold of me,

        A5   **G#5** **F#5**   **Bm**
And it felt like a ball and chain, oh yes it did babe

                 C#5
And I'm gonna tell you one just more time, yeah, yeah!

          F#m7
Verse 7   And I say oh, whoa whoa, now baby

         Bm   **N.C**   **F#m**
This can't be, no this can't be   in vain,

And I say no no no no no no no no, whoa!

      Bm
And I say   whoa, whoa, whoa, whoa, whoa

                     F#m
Now now now now now now now now now no no not in vain

    C#m
Hey,   hope there is someone that could tell me

         C5 **Bm**
Hon', tell me why,

N.C.
Hon', tell me why love is like

Just like a ball, just like a ball, ball

Oh daddy, daddy, daddy, daddy, daddy, daddy, daddy, daddy

      F#m7
And a chain.

Black Betty

Words & Music by Huddie Ledbetter

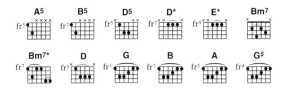

Play 4 times

Intro | N.C. | N.C. A5 | B5 N.C. A5 | B5 D | D A5 ‖: B5 D* E | D* A5 :‖

| B5 | E | B5 | D | B5 | E | B5 | D | B5 | B5 | B | B |

Verse 1

Bm7   N.C.
Whoa, Black Betty (bam-ba-lam)

Whoa, Black Betty (bam-ba-lam)

       Bm7   N.C.
Black Betty had a child (bam-ba-lam)

       Bm7* N.C.
The damn thing gone wild (bam-ba-lam)

         Bm7   N.C.
She said "I'm worryin' outta mind." (bam-ba-lam)

       Bm7* N.C.
The damn thing gone blind (bam-ba-lam)

      Bm7   N.C.
I said Oh, Black Betty (bam-ba-lam)

     Bm* N.C.   A5
Whoa, Black Betty (bam-ba-lam)

Instrumental 1 | B5 N.C. A5 | B5 D | D A5 ‖: B5 D* E | D* A5 :‖ *Play 4 times*

| B5 | E | B5 | D | B5 | E | B5 D | B5 |

15

Verse 2

Bm7 N.C.
Oh, Black Betty (bam-ba-lam)

Whoa, Black Betty (bam-ba-lam)

                       Bm7   N.C.
She really gets me high   (bam-ba-lam)

                    Bm7*   N.C.
You know that's no lie   (bam-ba-lam)

                  Bm7   N.C.
She's so rock steady   (bam-ba-lam)

                   Bm7* N.C.
And she's always ready   (bam-ba-lam)

                Bm7   N.C.
Whoa, Black Betty   (bam-ba-lam)

                Bm7* N.C.
Whoa, Black Betty   (bam-ba-lam)

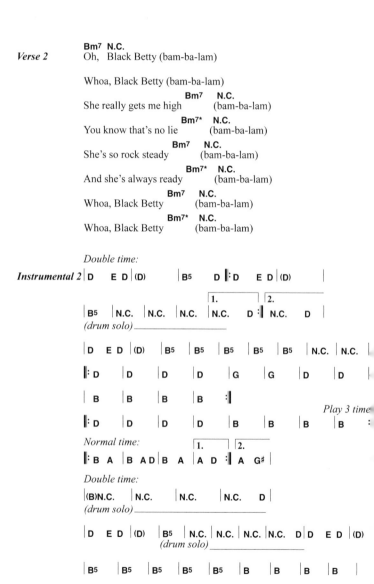

Double time:

Instrumental 2 | D   E D | (D) | B5   D ‖: D   E D | (D) |

                                      1.   2.

| B5 | N.C. | N.C. | N.C. | N.C.   D :‖ N.C.   D |
(drum solo) _____

| D E D | (D) | B5 | B5 | B5 | B5 | B5 | N.C. | N.C. |

‖: D | D | D | D | G | G | D | D |

| B | B | B | B   :‖

Play 3 times

‖: D | D | D | D | B | B | B | B   :

Normal time:

                           1.   2.

‖: B A | B A D | B A | A D :‖ A G♯ |

Double time:

| (B)N.C. | N.C. | N.C. | N.C.   D |
(drum solo) _____

| D E D | (D) | B5 | N.C. | N.C. | N.C. | N.C. D | D E D | (D) |
                            (drum solo) _____

| B5 | B5 | B5 | B5 | B5 | B | B | B | B |

16

N.C.
Whoa, Black Betty (bam-ba-lam)

Whoa, Black Betty (bam-ba-lam)

                     Bm7   **N.C.**
She's from Birmingham   (bam-ba-lam)

                   Bm7* **N.C.**
Way down in Alabam'   (bam-ba-lam)

                         Bm7   **N.C.**
Well, she's shakin' that thing   (bam-ba-lam)

                    Bm7* **N.C.**
Boy, she makes me sing   (bam-ba-lam)

               Bm7   **N.C.**
Whoa, Black Betty   (bam-ba-lam)

               Bm7*   **Bm7**
Whoa, Black Betty   (BAM-BA-LAM)

Bell Bottom Blues

Words & Music by Eric Clapton

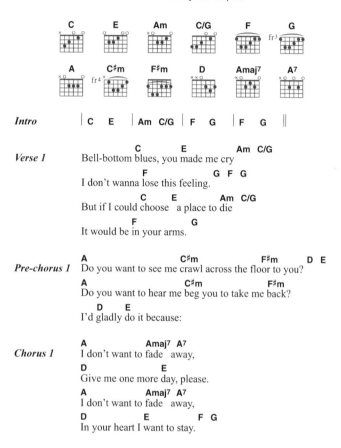

Intro | C   E | Am   C/G | F   G | F   G ||

Verse 1
     C   E   Am   C/G
     Bell-bottom blues, you made me cry
        F   G   F   G
     I don't wanna lose this feeling.

         C   E   Am   C/G
     But if I could choose   a place to die
        F   G
     It would be in your arms.

Pre-chorus 1
     A   C#m   F#m   D E
     Do you want to see me crawl across the floor to you?
     A   C#m   F#m
     Do you want to hear me beg you to take me back?

     D   E
     I'd gladly do it because:

Chorus 1
     A   Amaj7 A7
     I don't want to fade   away,
     D   E
     Give me one more day, please.
     A   Amaj7 A7
     I don't want to fade   away,
     D   E   F G
     In your heart I want to stay.

| | C   E   Am   C/G |
| *Verse 2* | It's all wrong but it's all right, |

                                      F   **G F G**

The way that you treat me baby.

                         C   **E**   **Am**   **C/G**

Once I was strong but I lost the fight,

                         F   **G**

You won't find a better loser.

Pre-chorus 2   As Pre-chorus 1

Chorus 2   As Chorus 1

Instrumental | C   E | Am C/G | F   G | F   G |

                   | C   E | Am C/G | F   G ||

Pre-chorus 3   As Pre-chorus 1

Chorus 3   As Chorus 1

                           C   **E**   **Am**   **C/G**

Verse 3   Bell-bottom blues, don't say goodbye,

                            F   **G F G**

We're surely gonna meet again.

                       C **E**   **Am**   **C/G**

And if we do don't you be surprised

                        F   **G**

If you find me with another lover.

Pre-chorus 4   As Pre-chorus 1

Chorus 4 ||: As Chorus 1 :|| *Play 3 times*

Big Boss Man

Words & Music by Luther Dixon & Al Smith

Intro	│ E	│ D	│ E	│ E │
	│ E	│ E	│ E	│ B7 ‖

Verse 1

(B7)   E5   E6 E5
Big boss man,

E6   E5   │E5 E6 E5│E5 E6 E7 E6│
Can't you hear me when I call?

       A5   A6 A5
Big boss man,

A6   A7   A6   │E5 E6 E5│E5 E6 E7 E6│
Can't you hear me when I call?

       B5   B6 B5 A5   A6   A7   A6   (E5)
You ain't so big,   you   just tall, that's just about all.

│ E5 E5/D A/C♯ A5/C │ E B7 ‖

Verse 2

       E5   E6   E5   E6   E5
You got me working boss man, a workin' a - round the clock,

                E6   E5 N.C.
I want a little drink of whiskey, you sure   won't let me stop.

              A5   A6 A5
Callin' big boss man,

A6   A7   A6   │E5 E6 E7 E6│E5 E6 E7 E6│
Can't you hear me when I call?

       B5   B6 B5 B6 A5
You ain't so big,

       A6   A7   A6   │E   │E B7   │
You   just tall, that's a - just about all.

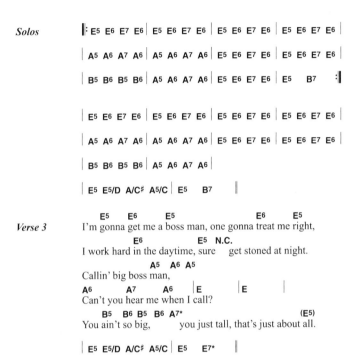

Solos

‖: E5 E6 E7 E6 | E5 E6 E7 E6 | E5 E6 E7 E6 | E5 E6 E7 E6 |

| A5 A6 A7 A6 | A5 A6 A7 A6 | E5 E6 E7 E6 | E5 E6 E7 E6 |

| B5 B6 B5 B6 | A5 A6 A7 A6 | E5 E6 E7 E6 | E5   B7 :‖

| E5 E6 E7 E6 | E5 E6 E7 E6 | E5 E6 E7 E6 | E5 E6 E7 E6 |

| A5 A6 A7 A6 | A5 A6 A7 A6 | E5 E6 E7 E6 | E5 E6 E7 E6 |

| B5 B6 B5 B6 | A5 A6 A7 A6 |

| E5 E5/D A/C♯ A5/C | E5   B7 ‖

Verse 3

    E5   E6   E5   E6   E5
I'm gonna get me a boss man, one gonna treat me right,

       E6   E5 N.C.
I work hard in the daytime, sure   get stoned at night.

           A5   A6 A5
Callin' big boss man,

A6   A7   A6 | E | E
Can't you hear me when I call?

    B5   B6 B5 B6 A7*   (E5)
You ain't so big,   you just tall, that's just about all.

| E5 E5/D A/C♯ A5/C | E5   E7* ‖

Blind Willie McTell

Words & Music by Bob Dylan

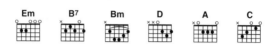

To match original recording, tune guitar down one semitone

Intro | Em | Em   B7 | Em | Em ||

Verse 1
               Em   B7   Em Bm Em
Seen the arrow on the doorpost

                         B7   Em   Bm Em
Saying, "This land is condemned

               B7   D   A
All the way from New Orleans

   C   D   Em Bm Em
   To Jerusalem"

           B7   Em Bm Em
I traveled   through East Texas

               B7   Em Bm Em
Where many martyrs fell

             B7   D   A
And I know no one can sing the blues

      C   D   Em Bm Em
Like Blind Willie McTell

Verse 2
           Em   B7   Em Bm Em
Well, I   heard that hoot owl singing

             B7   Em Bm Em
As they were taking down the tents

           B7   D   A
The stars above the barren trees

          C   D   Em Bm Em
Were his only audience

             B7   Em   Bm Em
Them charcoal gypsy maidens

             B7   Em   Bm Em
Can strut their feathers well

cont.

      B7   **D**   **A**
But nobody can sing the blues
     C   **D**   **Em Bm Em**
Like Blind Willie McTell

Verse 3

Em   **B7**   **Em**   **Bm Em**
  See them big plantations burning
      B7   **Em**   **Bm Em**
Hear the cracking of the whips
        B7   **D**   **A**
Smell that sweet magnolia blooming
     C   **D**   **Em**
See the ghosts of slavery ships
        B7   **Em**   **Bm Em**
I can hear them tribes a-moaning
     B7   **Em**
Hear that undertaker's bell
 B7   **D**   **A**
Nobody can sing the blues
C   **D**   **Em Bm Em**
  Like Blind Willie McTell

Verse 4

       Em **B7**   **Em Bm Em**
There's a woman by the river
        B7   **Em**   **Bm Em**
With some fine young handsome man
        B7   **D** **A**
He's dressed up like a squire
C   **D**   **Em**
  Bootlegged whiskey in his hand
         B7   **Em**   **Bm Em**
There's a chain gang on the highway
    B7   **Em Bm Em**
I can hear them rebels yell
       B7 **D**   **A**
And I know no one can sing the blues
C   **D**   **Em Bm Em**
  Like Blind Willie McTell

Link

| **Em** **B7** | **Em** **Bm Em** | **Em** **B7** | **Em Bm Em** |

| **Em** **B7** | **D** **A** | **C** **D** | **Em Bm Em** | **Em Bm Em** ‖

Verse 5

      Em   **B7**   **Em Bm Em**
Well, God is in His heaven

         B7   **Em Bm Em**
And we all   want what's his

            B7   **D**   **A**
But power and greed and corruptible seed

C   **D**   **Em**
Seem to be all that there is

        B7   **Em Bm Em**
I'm gazing out the window

        B7   **Em Bm Em**
Of the St. James Hotel

          B7 **D**   **A**
And I know no one can sing the blues

C   **D**   **Em Bm Em**
  Like Blind Willie McTell

Coda

| Em B7 | Em Bm Em | Em B7 | Em Bm Em |

| Em B7 | D   A | C   D | Em Bm Em |

| Em B7 | Em Bm Em | Em B7 | Em Bm Em |

| Em B7 | D   A | C   D | Em ‖

Death Letter Blues

Words & Music by Son House

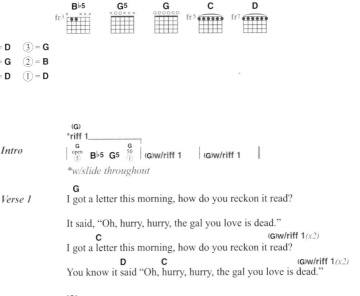

Intro

(G)
*riff 1_____

| G (open ⑤) B♭5 G5 (G 5fr ①) | (G)w/riff 1 | (G)w/riff 1 ‖

w/slide throughout

Verse 1

G
I got a letter this morning, how do you reckon it read?

It said, "Oh, hurry, hurry, the gal you love is dead."

        C   (G)w/riff 1 *(x2)*
I got a letter this morning, how do you reckon it read?

        D   C   (G)w/riff 1 *(x2)*
You know it said "Oh, hurry, hurry, the gal you love is dead."

Verse 2

(G)
I grabbed up my suitcase, I took off down the road,

When I got there, she was laying on the cooling board.

      C   (G)w/riff 1 *(x2)*
I grabbed up my suitcase, and I said I took on down the road,

D   C   (G)w/riff 1 *(x2)*
I said when I got there,   she was laying on the cooling board.

Verse 3

(G)
Well, I walked up right close, I looked down in her face,

Good old gal, you got to lay here till Judgement Day.

      C   (G)w/riff 1 *(x2)*
I walked up right close, and I said I looked down in her face,

D   C   (G)w/riff 1 *(x2)*
I said the good old gal,   got to lay here till Judgement Day.

(G)

Verse 4
Looked like there was ten thousand people standing

Round the buryin' ground,

I didn't know I loved her till they let her down.

C **(G)w/riff 1** *(x2)*
Looked like ten thousand people standing round the buryin' ground,

D **C** **(G)w/riff 1** *(x2)*
You know I didn't know I loved her till they damn let her down.

(G)

Verse 5
Well I folded up my arms, and I slowly walked away,

I said "Farewell honey, I'll see you Judgement Day."

C **(G)w/riff 1** *(x2)*
Yes, oh yes I walked a - way,

D **C** **(G)w/riff 1** *(x2)*
I said "Farewell, farewell, and I'll see you Judgement Day."

(G)

Verse 6
You know I didn't feel so bad, till the good old sun went down,

I didn't have a soul to throw my arms around.

C **(G)w/riff 1** *(x2)*
I didn't feel so bad, till the good old sun went down,

D **C** **(G)w/riff 1** *(x2)*
Mmm, mmm.

(G)

Verse 7
You know it's so hard to love someone that don't love you,

Ain't no satisfaction, don't care what you do.

C **(G)w/riff 1** *(x2)*
Yeah it's so hard to love someone who don't love you,

D **C** **(G)w/riff 1** *(*
You know it look like it ain't satisfaction, don't care what you do.

(G)

Verse 8 Well I got up this morning, at the break of day,

Just a-huggin' the pillow where she used to lay.

C   (G)**w/riff 1***(x2)*
I said "I got up this morning, yes at break of day,

D
You know I was a-huggin' the pillow,

        C   (G)**w/riff 1***(x2)*
Where my good gal used to lay."

(G)

Verse 9 I got up this morning, feeling around for my shoes,

You know I must-a had them walkin' blues.

C   (G)**w/riff 1***(x2)*
Got up this morning, feeling around for my shoes,

D   **C**   (G)**w/riff 1***(x2)*
Yeah you know about that,   I must-a had them walkin' blues.

(G)

Verse 10 Ah hush, I thought I heard her call my name,

If it wasn't so loud and so nice and plain.

C   (G)**w/riff 1***(x2)*
Yes mmm, mmm.

D   **C** | (G)**w/riff 1** | (G)**w/riff 1** | ⌢ **G**   ‖
Mmm,   mmm.

Boom Boom

Words & Music by John Lee Hooker

F   B♭   C   F7   B♭7   C7

Intro

| N.C. (riff) | F | N.C. (riff) | F |

| N.C. (riff) | B♭ | N.C. (riff) | F |

| N.C. (riff) | C | N.C. (riff) | F |

Verse 1

N.C. | F |
Boom boom boom boom,

N.C. | F |
I'm gonna shoot you right down,

N.C. | B♭ |
Right off-a your feet.

N.C. | F |
Take you home with me,

N.C. | C |
Put you in my house,

N.C. | F |
Boom boom boom boom.

Verse 2

N.C. | F |
A-haw haw haw haw,

N.C. | F |
Hmmm hmmm hmmm hmmm,

N.C. | B♭ |
Hmmm hmmm hmmm hmmm.

N.C. | F |
I love to see you strut,

N.C. | C |
Up and down the floor.

N.C. | F |
When you talking to me,

N.C. | F |
That baby talk.

cont.

N.C. | **F5** |
I like it like that,

N.C. ‖
Whoa, yeah!

Instrumental ‖: **F7** | **F7** | **F7** | **F7** |
(1° only) Talk that talk.   *(1° only)* Walk that walk.

| **B♭7** | **B♭7** | **F7** | **F7** |

| **C7** | **C7** | **F7** | **F7** :‖
Play 3 times

Verse 3

N.C. | **F5** |
But you walk that walk,

N.C. | **F5** |
And talk that talk,

N.C. | **B♭5** |
And whisper in my ear,

N.C. | **F5** |
Tell me that you love me,

N.C. | **C5** |
I love that talk.

N.C. | **F5** |
When you talk like that,

N.C. | **F5** |
You knocks me out,

N.C. | **F5** |
Right off of my feet,

N.C. | **F5** |
Ho ho ho.

Outro

F7
‖: Talk that talk, and walk that walk… :‖ *Repeat to fade*

Born Under A Bad Sign

Words & Music by William Bell & Booker T. Jones

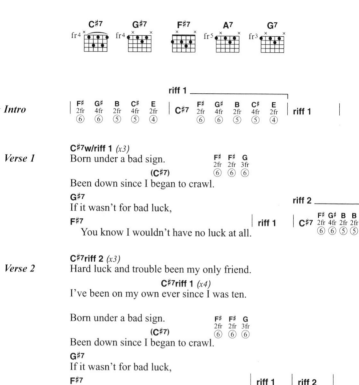

Intro

Verse 1

C#7 w/riff 1 *(x3)*
Born under a bad sign.

(C#7)
Been down since I began to crawl.

G#7
If it wasn't for bad luck,

F#7
You know I wouldn't have no luck at all.

Verse 2

C#7 riff 2 *(x3)*
Hard luck and trouble been my only friend.

C#7 riff 1 *(x4)*
I've been on my own ever since I was ten.

Born under a bad sign.

(C#7)
Been down since I began to crawl.

G#7
If it wasn't for bad luck,

F#7
You know I wouldn't have no luck at all.

Verse 3

C#7w/riff 2 *(x3)*
I can't read, I didn't learn how to write.

riff 1 *(x4)*
My whole life has been one big fight.

Born under a bad sign.   **F#** **F#** **G**
                             2fr 2fr 3fr
             (C#7)   ⑥   ⑥   ⑥
I've been down since I began to crawl.

G#7
If it wasn't for bad luck,

F#7 | **riff 1** | **riff 2**
  I said I wouldn't have no luck at all.   That ain't no lie.

Solo | **riff 2** | **riff 2** | **riff 2** | **riff 2**   ‖

G#7   **(G#7) A7 G#7 G7**
  You know if it wasn't for bad luck,

  F#7   **G7**
I wouldn't have no kind-a luck.

G#7   **(G#7) A7 G#7 G7**
  If it wasn't for real bad luck,

  F#7 N.C. | **riff 1** | **riff 2**
I wouldn't have no luck at all.

Verse 4

riff 2 *(x3)*
You know, wine and women is all I crave.

                       riff 1 *(x4)*
A big legged woman gonna carry me to my grave.

Born under a bad sign.   **F#** **F#** **G**
                             2fr 2fr 3fr
             (C#7)   ⑥   ⑥   ⑥
I've been down since I began to crawl.

G#7
If it wasn't for bad luck,

F#7 | **riff 1** | **riff 2**
  I tell ya, I wouldn't have no luck at all.

Outro   **w/riff 2**
        ‖: Yeah, my bad luck boy,

Been havin' bad luck all of my days, yes. :‖ *Repeat to fade*

Bright Lights, Big City

Words & Music by Jimmy Reed

Intro | (A) (D) | A5 A6 A7* A6 | A5 A6 A7* A6 | A5 (D 5fr D# 6fr) E7* ||

riff 1

Verse 1
(A7)w/riff 1 *(x4)*
Bright lights, big city, gone to my baby's head.

w/riff 2
(D7) D6 D5 D6 D7 D6
Bright   lights, big city,

(A7)w/riff 1 *(x2)*
  Gone to my baby's head.

(E7) E5 E6 E5   E6   (D7)w/riff 2   (A5)
I   tried to tell the woman but she don't believe a word I say.

riff 3

| A5 A7** Adim Dm6/A A | D 5fr D# 6fr (5)(5) E7* ||
(say.)

Verse 2
(A7)w/riff 1 *(x4)*
Go light pretty baby, gonna need my help some day.

(D7)w/riff 2 *(x2)*   (A7)w/riff 1 *(x2)*
It's alright pretty baby, gonna need my help some day.

E7   (E5)   (E6)   (E5)
You're gonna wish you had listen - ed,

  (D7)w/riff 2 | (A5)w/riff 3 | (E7*)w/riff 3 ||
To some of things I   said.

Instrumental	(A7)w/riff 1*(x4)*	A7	A7	A7	
	(D7)w/riff 2*(x2)*	D7	(A7)w/riff 1*(x2)*	A7	
	E7 (E6) (E5) (E6)	(D7)w/riff 2	(A7)w/riff 3	A7 E7*	

Verse 3

      (A7)w/riff 1*(x4)*
Go ahead pretty baby, oh honey, knock yourself out.

      (D7)w/riff 2*(x2)*   (A7)w/riff 1*(x2)*
Go ahead pretty baby, oh honey, knock yourself out.

    E5 E6 E5
I still love you baby

                            (A5)   (E7*)
E6   (D7)w/riff 2 | riff 3 | (riff 3)‖
'Cause you don't know what it's all   about.

Verse 4

      (A7)w/riff 1*(x4)*
Bright lights, big city, they went to my baby's head.

            (D7)w/riff 2*(x2)* (A7)w/riff 1*(x2)*
Bright lights, big city, they went to my baby's head. *To fade*

C.C. Rider

Traditional

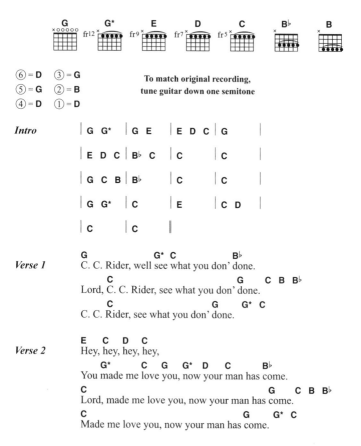

⑥ = D   ③ = G
⑤ = G   ② = B
④ = D   ① = D

**To match original recording,
tune guitar down one semitone**

Intro | G G* | G E | E D C | G |

| E D C | B♭ C | C | C |

| G C B | B♭ | C | C |

| G G* | C | E | C D |

| C | C |

Verse 1
G   G* C   B♭
C. C. Rider, well see what you don' done.
        C   G   C B B♭
Lord, C. C. Rider, see what you don' done.
        C   G   G* C
C. C. Rider, see what you don' done.

Verse 2
E   C   D   C
Hey, hey, hey, hey,
        G*   C G G* D   C   B♭
You made me love you, now your man has come.
C   G   C B B♭
Lord, made me love you, now your man has come.
C   G   G* C
Made me love you, now your man has come.

Verse 3

```
E   C   D   C   G C
Hey, hey, hey, hey,
        G*      D   C G  G*      C        B♭
I was looking right at  her when the sun went down.
C                                      G     C B B♭
Lord, looking right at her when the sun went down.
C                                  G     G* C
Looking right at her when the sun went down.
```

Verse 4

```
E   C   D   C   G C
Hey, hey, hey, hey,
          G           C     G C                      G
She was standing in the kitchen    in her morning gown.
C                                  G   C B B♭
Standing in the kitchen in her morning gown.
C                              G     G* C
Standing in the kitchen in her morning gown.
```

Verse 5

```
E   C   D   C   G C
Hey, hey, hey, hey,
        G*      D   C   G* D   C        B♭    C
Gonna be your side track till your main line come, babe.
                               G     C B B♭
Be your side track till your main line come.
C                              G     G* C
Be your side track till your main line come.
```

Outro

```
E   C   D   C   G C
Hey, hey, hey, hey.
```

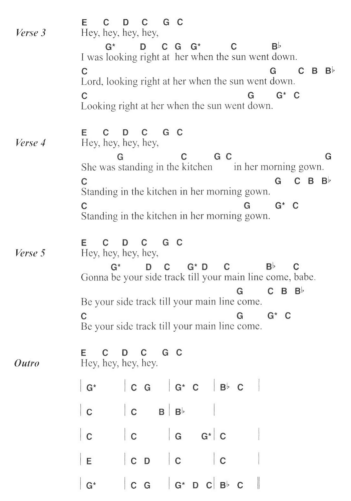

G*	C G	G* C	B♭ C
C	C B	B♭	
C	C	G G*	C
E	C D	C	C
G*	C G	G* D C	B♭ C

Cocaine

Words & Music by J.J. Cale

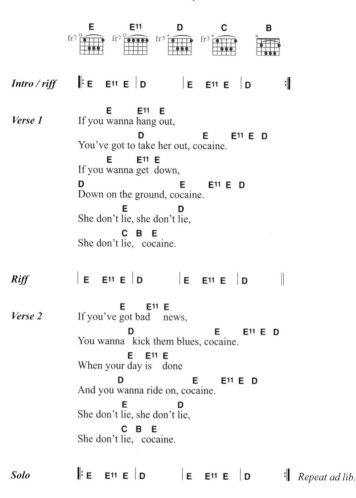

Intro / riff : ‖: E E11 E |D | E E11 E |D :‖

Verse 1
          E   E11 E
If you wanna hang out,
             D   E   E11 E D
You've got to take her out, cocaine.
          E   E11 E
If you wanna get down,
   D   E   E11 E D
Down on the ground, cocaine.
           E   D
She don't lie, she don't lie,
         C B E
She don't lie, cocaine.

Riff | E E11 E |D | E E11 E |D ‖

Verse 2
          E   E11 E
If you've got bad   news,
             D   E   E11 E D
You wanna   kick them blues, cocaine.
          E E11 E
When your day is   done
        D   E   E11 E D
And you wanna ride on, cocaine.
           E   D
She don't lie, she don't lie,
         C B E
She don't lie, cocaine.

Solo ‖: E E11 E |D | E E11 E |D :‖ *Repeat ad lib.*

Verse 3

```
             E    E¹¹ E
If your day is      gone
             D                        E       E¹¹ E  D
And you wanna ride on, cocaine.
             E        E¹¹ E
Don't forget this fact:
             D             E      E¹¹ E  D
You can't get it back, cocaine.
             E            D
She don't lie, she don't lie,
                   C  B  E
She don't lie,   cocaine.
```

Riff

```
| E   E¹¹ E | D      | E   E¹¹ E  | D       ‖
```

Outro

```
             E            D
She don't lie, she don't lie,
                   C  B  E
She don't lie, cocaine.
```

Riff

```
‖: E   E¹¹ E | D      | E   E¹¹ E  | D       :‖   Repeat to fade
```

Come On In My Kitchen

Words & Music by Robert Johnson

A   A5   Am/C   F#m   F   E   A*   E7

Capo first fret

⑥ = E   ③ = A
⑤ = A   ② = C#
④ = E   ① = E

riff 1

Intro | (A) | A | A5 Am/C F#m F ‖

Verse 1

E   (A) w/riff 1 *(x2)*
                    Mmm, mmm, mmm, mmm.

              (A)
You better come on in my kit - chen.

          A
Babe, its goin' to be rainin' outdoors.

riff 2

                            A*
                                 Ah, the woman I...

Verse 2

(A) w/riff 1 *(x2) ad lib.*
Love, took from my best friend.

Some joker got lucky, stole her back again,

             (A)   E
You better come on in my kit - chen.

          A
Baby, its goin' to be

                  | riff 2 | (riff 2) | A*
Rainin' outdoors.   Oh she's...

Verse 3 (A)w/riff 1*(x2) ad lib.*
Gone, I know she won't come back.

I've taken the last nickel out of her nation sack.
        (A)   **E**
You better come on in my kit - chen.
      A
Baby, its goin' to be
        | **riff 2** | **(riff 2)** ‖
Rainin' outdoors.

Bridge **A***
Oh, can't you hear that wind howl 'n' all?

Oh, can't you hear that wind would howl?
       (A)   **E**
You better come on in my kit - chen.
      A
Babe, its goin' to be
     | **riff 2** | **(riff 2)** | **A***   ‖
Rainin' outdoors.   When a woman gets in...

Verse 4 (A)w/riff 1
Trouble, ev'rybody throws her down.
        E7   **A**
Lookin' for her good friend, none can be found.
          E
You better come on in my kit - chen.
     A
Babe, its goin' to be
     | **riff 2** | **(riff 2)** | **A***   ‖
Rainin' outdoors.   Winter time's co -

Verse 5 (A)w/riff 1*(x2) ad lib.*
- min', it's goin' to be slow.

You can't make the winter babe, that's dry long so.
       (A)   **E**
You better come on in my kit - chen,
    A
'Cause its goin' to be
      | **riff 2** | **(riff 2)** ‖
Rainin' outdoors.

Crosscut Saw

Words & Music by Tony Hollins

Verse 1

(A♭9)w/riff 1
I'm a crosscut saw, baby just drag me across your log.
D♭9   A♭9
You know I'm a crosscut saw, just drag me across your log.
E♭9   D♭9
I cut your wood so easily for you,
                              A♭9   E♭9
You can't help but say "Hot Dog!"

Verse 2

w/riff 1   A♭9
        Now some call me "Wood Chopping Sam,"

Some call me "Wood Cutting Jim."

The last girl I cut my wood for,

You know she wants me back again.
D♭9   A♭9
I'm a crosscut saw, just drag me across your log.
E♭9   D♭9
I cut your wood so easily for you,
                              A♭9   E♭9
You can't help but say "Hot Dog!"

Instrumental	‖: (A♭9)w/riff 1	A♭9	A♭9	A♭9	
	D♭9	D♭9	A♭9	A♭9	
	E♭9	D♭9	A♭9	A♭9 E♭9 :‖

Verse 3

(A♭9)w/riff 1
I got a double bladed axe, that really cuts good,

Well, I'm a crosscut saw, just bury me in your wood.
     D♭9   A♭9
I'm a crosscut saw, baby just drag me across your log.
   E♭9   D♭9
I cut your wood so easily for you woman,
                        A♭9   E♭9
You can't help but say "Hot Dog!" Now watch this.

Outro   As Instrumental *To fade*

Crossroads

Words & Music by Robert Johnson

A   **D7**   **E**   **D**   **E7**

Intro

| A | A | A | A | D7 | D7 |

| A | A | E | D | A | A ‖

Verse 1

        A
I went down to the crossroads,
D
    Fell down on my knees.
D
Down to the crossroads,

        A
Fell down on my knees.
E7
    Asked the Lord above for mercy,
D7   **A**
Take me if you please.

Verse 2

        A
I went down to the crossroads,
D
    Tried to flag a ride.
D
Down to the crossroads,

        A
Tried to flag a ride.
    E7
Nobody seemed to know me,
D7   **A**
Everybody passed me by.

Verse 3

          A
Well I'm going down to Rosedale,

D   A
   Take my rider by my side.

D
Going down to Rosedale,

                A
Take my rider by my side.

      E7
We can still barrel-house, baby,

D7   A
   On the riverside.

Solo 1

‖: A | D | A | A | D | D |

| A | A | E7 | D7 | A | A E :‖

Verse 4   As Verse 3

Solo 2

‖: A | A | A | A | D | D |

| A | A | E7 | D7 | A | A E :‖

Play 3 times

Verse 5

          A
You can run, you can run,

D   A
Tell my friend Boy William Brown.

D
Run, you can run,

                      A
Tell my friend Boy William Brown,

        E7
That I'm standing at the crossroads,

    D7   A
Believe I'm sinking down.

Damn Right,
I've Got The Blues

Words & Music by Buddy Guy

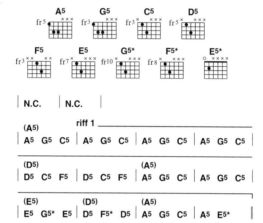

Intro

| N.C. | N.C. |

(A5)   **riff 1** _____

| A5 G5 C5 | A5 G5 C5 | A5 G5 C5 | A5 G5 C5 |

(D5)   (A5)

| D5 C5 F5 | D5 C5 F5 | A5 G5 C5 | A5 G5 C5 |

(E5)   (D5)   (A5)

| E5 G5* E5 | D5 F5* D5 | A5 G5 C5 | A5 E5* ‖

Verse 1

(A5)w/riff 1
You damn right, I've got the blues, from my head down to my shoes.
  (D5)   (A5)
You damn right, I've got the blues, from my head down to my shoes.
(E5)   (D5)   (A5) (E5)
  I can't win, 'cause I don't have a thing to lose.

Verse 2

(A5)w/riff 1
I stopped by my daughter's house,

You know I just wanted to use the phone.
(D5)
  I stopped by my daughter's house,

                              (A5)
You know I just wanted to use the phone.
(E5)   (D5)
  You know my little grand-baby came to the door and said
              (A5)   (E5)
"Grand-daddy, you know ain't nobody home." I said "Look out."

Instrumental 1 | (A5)w/riff 1 | **A5** | **A5** | **A5** |

| **D5** | **D5** | **A5** | **A5** |

| **E5** | **D5** | **A5** | **A5** **E5** ‖

Verse 3

(A5)w/riff 1
You damn right, I've got the blues,

From my head down to my shoes.
(D5)
You damn right, I've got the blues,
(A5)
From my head down to my shoes.
(E5)   (D5)
    You know I can't win now people,
(A5)   (E5)
'Cause I don't have a thing to lose. All right.

Play 7 times

Instrumental 2 ‖: A5 G5 C5 | A5 G5 C5 | A5 G5 C5 | A5 G5 C5:‖

| A5 G5 C5 ‖

Outro

A5   G5   C5   A5 G5 C5
You damn right, I've got the blues.
A5   G5   C5   A5 G5 C5
You damn right, I've got the blues.
A5   G5   C5   A5 G5 C5
You damn right, I've got the blues.
A5   G5   C5   A5 G5 C5
You damn right, I've got the blues.

‖: A5 G5 C5 | A5 G5 C5 :‖ *Repeat to fade*
(Yeah.)

45

Diddie Wah Diddie

Words & Music by Arthur Blake

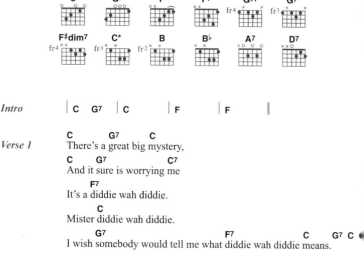

Intro | C G7 | C | F | F ‖

Verse 1

    C   G7   C
There's a great big mystery,

    C   G7   C7
And it sure is worrying me

    F7
It's a diddie wah diddie.

       C
Mister diddie wah diddie.

         G7   F7   C   G7 C
I wish somebody would tell me what diddie wah diddie means.

Verse 2

    C   G7   C
Some little girl 'bout four-feet-four,

        C   G7   C   C7
Said "Come on, papa and gimme some mo',"

        F7
(Of) your diddie wah diddie.

       C
Your diddie wah diddie.

        G7   F7   C   G7 C G
I wish somebody would tell me what diddie wah diddie means.

'erse 3

    C   G⁷   C
I went out and walked around,

    C   G⁷   C   C⁷
Somebody yelled, "Now look who's in town?"

        F⁷
Mister diddie wah diddie.

       C
Mister diddie wah diddie.

       G⁷   F⁷   C   G⁷ C G⁷
I wish somebody would tell me what diddie wah diddie means.

ink 1

𝄆 C G⁷	C	C G⁷	C	
F⁷	F⁷	C	C	
G⁷	G⁷	C G⁷	C G⁷ 𝄇	

Verse 4

    C   G♯⁷   C
I went to church, put my hat on the seat,

     C   G♯⁷   C
A lady sat on it and said, "Daddy, you sho' is sweet,"

      F⁷
Mister diddie wah diddie.

     C
Mister diddie wah diddie.

     G⁷*   G♯⁷   G⁷*   C   G⁷ C G⁷
I wish somebody would tell me what diddie wah diddie means.

Link 2   As Link 1

Verse 5

   C   **G♯7**   **C**
I said, "Sister, I'll soon be gone,

      C   **G♯7**   **C**
Just give me that thing you sitting on,"

     F7
My diddie wah diddie.

     C
My diddie wah diddie.

     G7*   **G♯7**   **G7***   **C**   **G7 C**
I wish somebody would tell me what diddie wah diddie means.

Link 3

C **G7**	**C**	**C** **G7**	**C** **C7**
F7	**F♯dim7**	**C*** **B** **B♭**	**A7**
D7	**G7**	**C** **N.C.**	**(C)**

Verse 6

C   **G7**   **C**
Then I got put out of the church,

   C   **G7**   **C**
'Cause I talked about diddie wah diddie too much.

     F7
Mister diddie wah diddie.

     C
Mister diddie wah diddie.

     G7*   **G♯7** **G7***   **C**
I wish somebody would tell me what diddie wah diddie means.

Dog House Boogie

Words & Music by Steve Wold

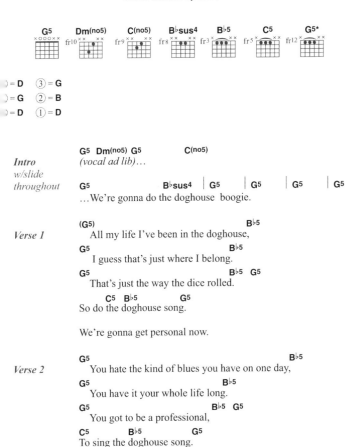

Intro
w/slide
throughout

G5 Dm(no5) G5   C(no5)
(vocal ad lib)…

G5   Bᵇsus⁴ | G5 | G5 | G5 | G5
…We're gonna do the doghouse boogie.

Verse 1

(G5)   Bᵇ5
   All my life I've been in the doghouse,
G5   Bᵇ5
   I guess that's just where I belong.
G5   Bᵇ5 G5
   That's just the way the dice rolled.
        C5   Bᵇ5   G5
So do the doghouse song.

We're gonna get personal now.

Verse 2

G5   Bᵇ5
   You hate the kind of blues you have on one day,
G5   Bᵇ5
   You have it your whole life long.
G5   Bᵇ5 G5
   You got to be a professional,
C5   Bᵇ5   G5
To sing the doghouse song.

G5   C5   B♭5   G5
A-whoo, yeah, yeah, yeah.

G5   C5   B♭5   G5
A-whoo, yeah, yeah, yeah.

G5   C5   B♭5   G5
A-whoo, yeah, yeah, yeah.

C5   B♭5   G5* | G5* |
Sing the doghouse song.

       B♭5 C5 B♭5 G5 B♭5 C5 B♭5 G5
The dog - house,

       B♭5 C5 B♭5 G5 B♭5 C5 B♭5 G5
The dog - house,

       B♭5 C5 B♭5 G5 B♭5 C5 B♭5 G5
The dog - house,

C5   B♭5   G5
Do the doghouse song.

(G5)

I'm gonna tell you my story.

                                             B♭5   G5
My mum and dad broke up when I was four years old,

When I was seven, she went and got herself another man,

     B♭5   G5
It was hell   y'all.

                                     B♭5   G5
I left home when I was fourteen years of age,

                       B♭5   G5
I figured I'd do better on my own.

Then followed a number of years,

          B♭5   G5
Of bumming around and liv - ing kind of hand and mouth,

        B♭5   G5
Sometimes getting locked up   and such,

                 B♭5   G5
And sometimes just going cold and hun - gry.

        B♭5   G5
I didn't have me no real school education,

               B♭5   G5
So what in the hell was I gonna be able to do?

cont.

But I always did pick up the guitar

B♭5 G5
I used to put the hat out for spare change,

　　　　B♭5 G5
But I'm making this here record for y'all,

　　　　　　　　　B♭5 G5
And I'm still trying to get your spare change.

I don't know why it went wrong,

　　　　B♭5 G5
It ain't bad now,　　and I just keep playing my

　　　　　B♭5 G5 C5 　B♭5 　　G5
Doghouse mu - sic,　　sing the doghouse song.

G5　　　　　　　　**C5 B♭5 　G5**
Chorus 2　　A-whoo, a-whoo, yeah, yeah, yeah.

G5　　　　　　　　**C5 B♭5 　G5**
　　A-whoo, a-whoo, yeah, yeah, yeah.

G5　　　　　　　　**C5 B♭5 　G5**
　　A-whoo, a-whoo, yeah, yeah, yeah.

C5　　　**B♭5**　　　　**G5***　│ **G5***　　│
Sing the doghouse song,

　　　B♭5 C5 B♭5 G5 B♭5 C5 B♭5 G5
Dog - house,

　　　B♭5 C5 B♭5 G5 B♭5 C5 B♭5 G5
Dog - house,

　　　B♭5 C5 B♭5 G5 B♭5 C5 B♭5 G5
Dog - house,

C5　　　**B♭5**　　　　**G5***　│ **G5***　　│
Sing the doghouse song.

　　　B♭5 C5 B♭5 G5 B♭5 C5 B♭5 G5
Dog - house,

　　　B♭5 C5 B♭5 G5 B♭5 C5 B♭5 G5
Dog - house,

　　　B♭5 C5 B♭5 G5 B♭5 C5 B♭5 G5
Dog - house.

　　C5　　　**B♭5**　　　**G5 C5**　　　　　**B♭5 G5**
Outro　‖: Sing the doghouse song, sing the dog - house song,

C5　　　**B♭5**　　　**G5***　　**G5***
Sing the doghouse song, sing the dog - house song. :‖
　　　　　　　　　　　　Repeat to fade w/slide ad lib.

51

Drown In My Own Tears

Words & Music by Henry Glover

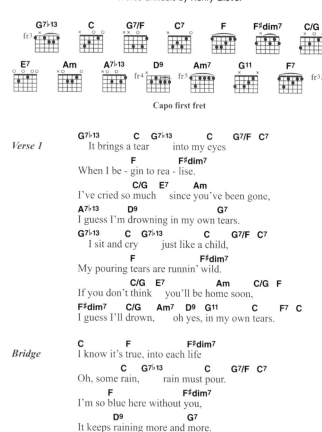

Capo first fret

Verse 1

G7♭13   C   G7♭13   C   G7/F C7
It brings a tear   into my eyes

             F   F♯dim7
When I be - gin to rea - lise.

           C/G E7   Am
I've cried so much since you've been gone,

A7♭13   D9   G7
I guess I'm drowning in my own tears.

G7♭13   C   G7♭13   C   G7/F C7
I sit and cry   just like a child,

            F   F♯dim7
My pouring tears are runnin' wild.

           C/G E7   Am   C/G F
If you don't think you'll be home soon,

F♯dim7 C/G Am7 D9 G11   C   F7 C
I guess I'll drown,   oh yes, in my own tears.

Bridge

     C   F   F♯dim7
I know it's true, into each life

           C   G7♭13   C   G7/F C7
Oh, some rain,   rain must pour.

         F   F♯dim7
I'm so blue here without you,

        D9   G7
It keeps raining more and more.

Verse 2

G7♭13   C   G7♭13   C   G7/F C7
  Why can't you   come on home?

          F   F♯dim7
Oh, yes so I won't be all a - lone.

          C/G E7   Am   C/G F
If you don't think   you'll be home soon,

F♯dim7   C/G   C7   F
I guess I'll (drown in my own tears)

                C/G   C7   F
Ooh, don't let me (drown in my own tears)

                C/G   C7   F
When I'm in trouble, baby (drown in my own tears)

                      C/G   C7   F
Oh, yeah, me and don't let me (drown in my own tears)

          C/G   Am7 D9 G11 C
I guess I'll drown in   my own tears.

F7   C7
Whoa, mmm.

Dust My Blues

Words & Music by Robert Johnson
Arranged by Elmore James

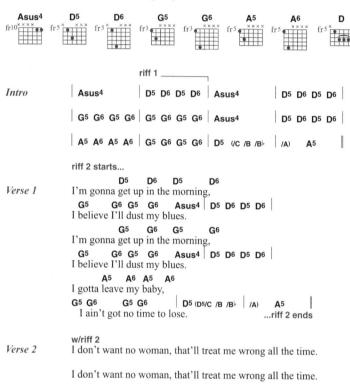

Intro

| Asus⁴ | D⁵ D⁶ D⁵ D⁶ | Asus⁴ | D⁵ D⁶ D⁵ D⁶ |

riff 1 _____

| G⁵ G⁶ G⁵ G⁶ | G⁵ G⁶ G⁵ G⁶ | Asus⁴ | D⁵ D⁶ D⁵ D⁶ |

| A⁵ A⁶ A⁵ A⁶ | G⁵ G⁶ G⁵ G⁶ | D⁵ (/C /B /B♭ | /A)   A⁵ ‖

riff 2 starts...

Verse 1

        D⁵   D⁶   D⁵   D⁶
I'm gonna get up in the morning,
    G⁵   G⁶ G⁵ G⁶   Asus⁴ | D⁵ D⁶ D⁵ D⁶ |
I believe I'll dust my blues.
        G⁵   G⁶   G⁵   G⁶
I'm gonna get up in the morning,
   G⁵   G⁶ G⁵ G⁶   Asus⁴ | D⁵ D⁶ D⁵ D⁶ |
I believe I'll dust my blues.
     A⁵   A⁶ A⁵   A⁶
I gotta leave my baby,
G⁵ G⁶   G⁵ G⁶ | D⁵ (D⁵/C /B /B♭ | /A)   A⁵ ‖
  I ain't got no time to lose.   ...riff 2 ends

w/riff 2

Verse 2
I don't want no woman, that'll treat me wrong all the time.

I don't want no woman, that'll treat me wrong all the time.

Well, I'm tired of the way she treat me, I was about to lose my mind.

Verse 3
w/riff 2
I'm gonna write a letter, I better send her a telegram.

I'm gonna write a letter, I better send her a telegram.

She left me soon this morning, and she got me in an awful jam.

Instrumental
| Asus^4 | D^5 D^6 D^5 D^6 | Asus^4 | D^5 D^6 D^5 D^6 |

| G^5 G^6 G^5 G^6 | G^5 G^6 G^5 G^6 | D^5 D^6 D^5 D^6 | D^5 D^6 D^5 D^6 |

| A^5 A^6 A^5 A^6 | G^5 G^6 G^5 G^6 | D^5 (D^5/C /B /B$^\flat$ | /A) A^5 ‖

Verse 4
w/riff 1 *(x4)*
I believe, I believe my time ain't long.
G^5 G^6 G^5 G^6 G^5 G^6 G^5 G^6 | riff 1 |
I be - lieve, I be - lieve my time ain't long.
    A^5 A^6 A^5 A^6
I gotta leave my baby,
 G^5 G^6 G^5 G^6 D^5 (D^5/C /B /B$^\flat$ | /A) A^5 ‖
I gotta leave my happy home.

Outro
| riff 1 | riff 1 | riff 1 | riff 1 |

| G^5 G^6 G^5 G^6 | G^5 G^6 G^5 G^6 | riff 1 | riff 1 |

| A^5 A^6 A^5 A^6 | G^5 G^6 G^5 G^6 | D^5 (D^5/C /B /B$^\flat$ | /A) D ‖

Dying Crapshooter's Blues

Words & Music by Willie McTell

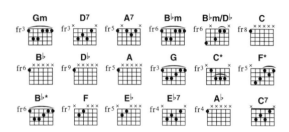

Intro

I am going to play this song that I made myself,

Originally, it's from Atlanta,

It's three different marches of tunes.

| Gm | (Gm) | (Gm) | D7 ‖

Verse

Gm
Little Jesse was a gambler,
D7   **Gm**
Night and day he used crooked cards and dice.
                                                    D7
He was a sinful boy, good hearted but had no soul,
                        Gm
Heart was hard and cold like ice.

Little Jesse was a wild, reckless gambler,
            D7
Won a gang of change, and a many
                            Gm
Gambler's heart he left in pain.

                                        D7

Little Jesse, began to lose his money, but he was all alone,

                  Gm

And his heart had even turned to stone.

                  D7

The police walked up and shot my friend Jesse down,

              Gm

"Boys, I got to die to - day."

        A7

He had a gang of crapshooters and gamblers at his bedside,

                  Gm

But here are the words he had to say:

   B♭m   **B♭m/D♭**   **C B♭ Gm**

"I guess I ought to know, how   I wants to go,"

How you wanna go, Jesse?

         Gm

I want eight crapshooters for my pallbearers,

D7   **Gm**

Let them all be dressed down in black.

I want nine men going to the graveyard,

       D7   **Gm**

But only eight men comin' back.

       A7

 I want a gang of gamblers gathered round my coffin side,

                Gm

With a crooked card printed on my hearse.

       A7 N.C.   **A7 N.C.**

Don't say the crapshooters'll ever grieve over me,

     D7 N.C.

My life been a doggone curse.

Gm

Send poker players to the graveyard,

D7   **Gm**

Dig my grave with the ace of spades,

I want twelve polices in my funeral march.

      D7   **Gm**

High   sheriff playin' blackjack leading the parade.

cont.

A⁷
I want the judge and solicitor who jailed me fourteen times,

Gm
Put a pair of dice in my shoes,

B♭*
Let   a deck of cards be my tombstone,

        F   **E♭**   **D♭**   **A**   **B♭***   **B♭** **A** **A♭** **Gm**
I got the dyin' crap - shoo - ter's blues.

      Gm
I want sixteen real good crapshooters,

           D⁷
Sixteen bootleggers to sing a song,

      Gm   **D⁷**
Six - teen buck riders gambling while a couple   tend the bar

           Gm
While I'm rollin' along'.

He wanted twenty two women outta the Hampton Hotel,

           D⁷
Twenty six off of South Bell,

Gm
Twenty nine women outta North Atlanta.

      D⁷   **Gm**
Know that little Jesse didn't pass out so swell,

His head was achin', heart was thumpin',

D⁷   **Gm**
Little Jesse went down bouncin' and jumpin'.

                   D⁷
Folks, don't be standing around Jessie cryin',

          G   **C⁷**
He wants every - body to do the Charleston whilst he dyin'.

     Gm
One   foot up, a toenail dragging,

B♭*
Throw my buddy Jesse in the hoodoo wagon.

Gm   **B♭** **A**   **Gm**
Come here mama with that can of booze,

        Gm   **E♭7**   **D⁷**
He got the dyin' crap - shooter's blues,

Gm   **C***   **F***   **B♭***
Passin' on with the dyin' crap - shooter's blues.

Little Red Rooster

Words & Music by Willie Dixon

C5	A5	A*	Asus²⁄₄	A	D	E
fr3	×○○○××	fr12	×○○	×○○○○×	fr5	fr7

⑥ = D   ③ = D
⑤ = G   ② = B
④ = D   ① = D

Capo second fret

riff 1 _____

Intro
| C5 A5 A* Asus²⁄₄ A | riff 1 | riff 1 | riff 1 |‖
I have a…

Verse 1
D | riff 1 | riff 1 |
Little red rooster, too lazy to crow for day.

D | riff 1 | riff 1 |
I have a little red rooster, too lazy to crow for day.

             E   **D** | riff 1 | riff 1 |
Keep everything in the barnyard,   upset in every way.   Oh the

Verse 2
A   **A*** | riff 1 | riff 1 |
Dogs begin to bark,   the hound begin to howl.   Oh the

D | riff 1 | riff 1 |
Dogs begin to bark, hound begin to howl.   Oh

           E
Watch out strange kind people,

     D | riff 1 | riff 1 |
'Cause little red rooster is on the prowl.

Verse 3
          A* | riff 1 | riff 1 |
If you see   my little red rooster, please drag him home.   If you

D | riff 1 | riff 1 |
See my little red rooster, please drag him home.

         E
There ain't no peace   in the barnyard,

D | riff 1 | riff 1 |
Since the little red rooster been gone.

Outro
| riff 1 | riff 1 |‖ *To fade*

59

Evil (Is Going On)

Words & Music by Willie Dixon

G7   C9   D7   G   G7/F   Em   Gaug/D#   A♭7

Implied harmony throughout

Verse 1

*G7
If you're a long way from home, can't sleep at night,

Grab your telephone, something just ain't right.

   C9   G7
That's evil. Evil is going on wrong.

   D7   C9
I am warning you brother,

                G7 | G7 D7 ‖
You better watch your happy home.

Verse 2

G7
Well, long way from home and can't sleep at all,

You know another mule is kickin' in your stall.

   C9   G7
That's evil. Evil is going on wrong.

   D7   C9
I am warning you brother,

                G7 | G7 D7 ‖
You better watch your happy home.

Instrumental

| G7 | G7 | | |

You better watch him,

| G7 | G7 | |

'cause something's wrong,

| C9 | C9 | G7 | G7 | |

in your home.

| D7 | C9 | G7 | G7 D7 ‖

Verse 3

G7
Well, if you call her on the telephone,

And she answers awful slow

Grab the first thing smoking if you have to hobo,

    C9   **G7**
That's evil. Evil is going on wrong.

    D7   **C9**
I am warning you brother,

                     G7 | **G7** **D7** ‖
You better watch your happy home.

Instrumental | **G7** | **G7** | **G7** | **G7** |

            | **C9** | **C9** | **G7** | **G7** |

            | **D7** | **C9** | **G7** | **G7**   **D7** ‖

Verse 4

G7
If you make it to your house, knock on the front door,

Run around to the back, you'll catch him just before he goes.

    C9   **G7**
That's evil. Evil is going on.

    D7   **C9**
I am warning you brother,

                   G
You better watch your happy home.

| **G7/F** **Em** **Gaug/D♯** | **D7** **A♭7** $\overset{\frown}{G7}$ ‖

Fever

Words & Music by John Davenport & Eddie Cooley

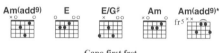

Capo first fret

Intro

(Am(add9))

riff 1

A	C	A	C	A	A	C	A	E	G	A	C	A	C	A
0fr	3fr	0fr	3fr	0fr	0fr	3fr	0fr	2fr	0fr	0fr	3fr	0fr	3fr	0fr
⑤	⑤	⑤	⑤	⑤	⑤	⑤	⑤	④	③	⑤	⑤	⑤	⑤	⑤

E   E/G♯   Am

Verse 1

riff 1(Am(add9))
You never know how much I love ya,

Never know how much I care,

When you put your arms around me,

        E   **E/G♯**   **Am**
I get a feelin' that's so hard to bear.

Chorus 1

N.C.
You give me fever

riff 1(Am(add9))
When you kiss me,

Fever when you hold me tight.

Fever in the mornin'

    E   **E/G♯**   **Am**
And fever all through the night.

riff 1(Am(add9))

Verse 2   Listen to me, baby,

Hear every word I say,

No one can love you the way I do,

                E   **E/G♯**   **Am**
'Cause they don't know how to love you my way.

Chorus 2   As Chorus 1

riff 1(Am(add9))

Verse 3   Bless my soul, I love you,

Take this heart away.

Take these arms I'll never use,

                E   **E/G♯**   **Am**
And just be - lieve in what my lips have to say.

Chorus 3   As Chorus 1

riff 2

  E **G** **A**   **riff 2**

Verse 4   0fr 3fr 0fr Sun lights up the daytime,
   ⑥ ⑥ ⑤

Moon lights up the night.

riff 2
  My eyes light up when you call my name,

riff 2
  'Cause I know you're gonna treat me right.

Chorus 4   As Chorus 1

riff 1

Outro   Mmm.

Mmm.

Mmm.

E   **E/G♯** **Am** **Am(add9)***
Mmm._____

First Time I Met The Blues

Words & Music by Eurreal Montgomery

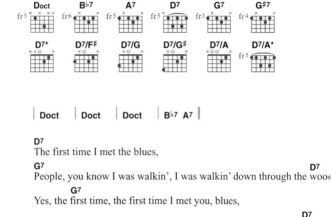

Intro		‖ Doct │ Doct │ Doct │ B♭7 A7 ‖

Verse 1

D7
The first time I met the blues,

G7   D7
People, you know I was walkin', I was walkin' down through the woo●

G7
Yes, the first time, the first time I met you, blues,

D7
Blues you know I was walkin', I was walkin' down through the woods

A7   G#7
Yes, I've watched my house burnin' blues,

G7
Blues, you know you done me, you done me,

D7
All the harm that you could.

Verse 2

D7
The blues got after me,

G7   D7
People, you know they ran me from tree to tree.

G7
Yes, the blues got after me,

D7
Blues, you know you ran me, ran me from tree to tree.

A7   G#7
Yes, you should-a heard me beg ya, blues,

G7   D7
Ah,   blues, don't murder me.

Verse 3

      D7
Yes, good mornin' blues,

G7   **D7**
Blues, I wonder, I wonder what you're doin' here so soon.

      G7
Yes, good mornin', good mornin', good mornin', mister blues,

                                          D7
Blues, I wonder, I keep wonderin' what you're doin' here so soon.

           A7   **G♯7** **G7**
Yes, you know you'll be with me every mornin', blues,

N.C.   **D7*** **D7/F♯** **D7/G** **D7/G♯**│ **D7/A** **B♭7** **D7/A*** ‖
Every night and every noon.

Farther Up The Road

Words & Music by Joe Veasey & Don Robey

E7   A7   B7   D9   D#9   E9

Capo first fret

Intro | E7 | E7 | E7   ‖

Verse 1

N.C.   E7
Further on up the road, someone's gonna hurt you like you hurt me.
                    A7   E7
Further on up the road, someone's gonna hurt you like you hurt me.
                    B7   A7   N.C.   E7
Further on up the road,   ba - by, you just wait and see.

Verse 2

N.C.   E7
You gotta reap just what you sow, that old saying is true.
                                A7   E7
You gotta reap just what you sow, that old saying is true.
                        B7   A7   N.C.   E7
Like you mistreat some - one,   some - one's gonna mistreat you.

Verse 3

N.C.   E7
Now you're laughing, pretty baby, someday you're gonna be crying
                            A7
Now you're laughing, pretty baby, some,
                        E7
Someday you're gonna be crying.
                        B7   A7 N.C.   E7 | N.C.   ‖
Further on up the road you'll find out I wasn't ly - ing.

Solo
(w/vocals
ad lib.)

| E7 | E7 | E7 | E7 |

| A7 | A7 | E7 | E7 |

| B7 | A7 | E7   ‖

Verse 4

N.C.   E7
Further on up the road, when you're all alone and blue.
                  A7   E7
Further on up the road, when you're all alone and blue.
                                  B7   A7
You're gonna ask me to take you back baby,
N.C.   E7 | E7   ‖
But I'll have somebody new.

Outro

| E7 | E7 | E7 | E7 |
| A7 | A7 | E7 | E7 |
| B7 | A7 | E7 | E7 D9 D♯9 E9 ‖

Good Morning Little Schoolgirl

Words & Music by B. Level & B. Love

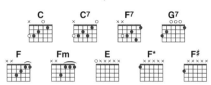

○ *notes represent bass notes played on beats 2 and 4*

Intro | C | C7 | F7 | C |

| C E F* F♯ | G7 | F7 | C C7 F Fm |
   open 1fr 2fr
    ⑥   ⑥   ⑥

| C G7 ‖
Hello little...

Verse 1

C   C7
School girl, good mornin' little school girl,

         F7   C
Can I go home with you? Can I go home, later with you?

(E   F*   F♯) G7
Now, you can tell your mother and your father, um,

F7   C   C7 F Fm
That Sonny Boy's a little school boy, too.

| C G7 ‖
   I woke up-a this...

Verse 2

C   C7
Morning, I woke up-a this morning,

                    F7   C
Lord, n' I couldn't make me no, Lord, I couldn't make me, no town.

  (E F F♯) G7
Well, said I didn't have no blues, woman,

F7   C   C7 F Fm | C G7
But I was all messed up, anyhow.   Now you be my...

Verse 3

C   C7
Baby, mmm, come on an' be my baby, mmm.

        F7   C
I'll buy you a diamond, I'll buy you a diamond ring.

(E   F F♯) G7
Well, if you don't be my little woman,

F7   C   C7 F Fm
Then I won't buy you a doggone thing.

| C G7   ‖
    I'm gonna buy me a…

Verse 4

C   C7
Airplane, I'm gonna buy me a air - plane.

              F7
I'm goin' fly all over this land,

                        C
I'm goin' fly all over this land's town.

(E   F F♯) G7
Don't find the woman that I'm lovin',

F7   C   C7 F Fm | C G7   ‖
Then I ain't goin' to let my airplane down.

Instrumental | C | C7 | F7 | C |

| C E F F♯ | G7 | F7 | C C7 F Fm |
    open 1fr 2fr
    ⑥ ⑥ ⑥

| C G7   ‖
    I done no…

Verse 5

C   C7
Hollerin', I done no hollerin'.

              F7
Baby, what in this world I'm gonna do, baby,

                              C
What in this world I'm gonna do,

    (E F   F♯) G7
Well, that I   don't want never hurt your feelin',

F7   C   C7 F Fm | ⌢C   ‖
Or either get mad at you.

Hellhound On My Trail

Words & Music by Robert Johnson

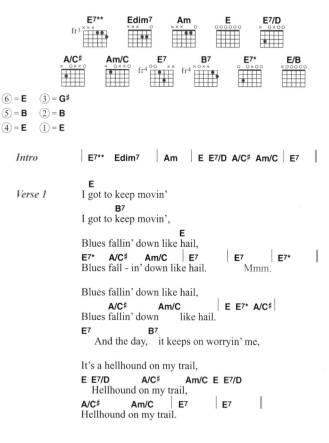

⑥ = E   ③ = G♯
⑤ = B   ② = B
④ = E   ① = E

Intro　　　| E7** Edim7 | Am | E E7/D A/C♯ Am/C | E7 ‖

Verse 1
      E
I got to keep movin'
      B7
I got to keep movin',

         E
Blues fallin' down like hail,
E7* A/C♯ Am/C | E7 | E7 | E7* ‖
Blues fall - in' down like hail.   Mmm.

Blues fallin' down like hail,
     A/C♯   Am/C | E E7* A/C♯ |
Blues fallin' down   like hail.
E7   B7
   And the day,   it keeps on worryin' me,

It's a hellhound on my trail,
E E7/D   A/C♯   Am/C E E7/D
  Hellhound on my trail,
A/C♯   Am/C | E7 | E7   ‖
Hellhound on my trail.

Verse 2

(E7)   E
    If to - day was Christmas Eve,

B7
If to - day was Christmas Eve,

           | E E7/D A/C♯ E7 |
And tomorrow was Christmas Day,

(E7)
    If today was Christmas Eve,

And tomorrow was Christmas Day,

   A/C♯   Am/C   E7
Oh, wouldn't we have a time, baby?

       B7
All I would need, my little sweet rider,

Just to pass the time away.

E7/D   A/C♯ Am/C E   E7/D   A/C♯   Am/C
  Huh, huh,   to pass the time   away.

| E/B | E7   ‖

Verse 3

(E7)   E
    You sprinkled hot foot powder, mmm,

            E7/D   A/C♯   Am/C | E/B E7 |
Around my door, all around   my door.

You sprinkled hot foot powder,

                E7/D A/C♯ Am/C | E/B E7 |
All 'round your daddy's door. Hmm, hmm, hmm.

        B7
It keep me with a ramblin' mind, rider,

         E
Ev'ry old place I go,

   E7/D   A/C♯ Am/C| E E7/D A/C♯ Am/C | E7   ‖
Ev'ry   old place I go.

Verse 4

(E7)   E
I can tell the wind is risin', the leaves tremblin' on the tree,

                E7/D A/C♯ Am/C | E/B E7 |
Tremblin' on the tree.

I can tell the wind is risin', leaves tremblin' on the tree.

E7/D   A/C♯ Am/C | E/B E E7 |
Hmm, hmm, hmm.

     B7
All I need's my little sweet woman and to keep my company.

E   E7/D A/C♯ Am/C | E E7/D A/C♯ Am/C |
  Hey,   my company.

| Am/C E7 | E7   ‖

Help Me

Words & Music by Willie Dixon, Sonny Boy Williamson & Ralph Bass

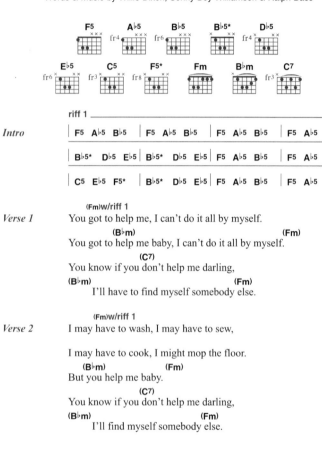

Intro

riff 1 _____

| F5 A♭5 B♭5 | F5 A♭5 B♭5 | F5 A♭5 B♭5 | F5 A♭5 B♭5 |

| B♭5* D♭5 E♭5 | B♭5* D♭5 E♭5 | F5 A♭5 B♭5 | F5 A♭5 B♭5 |

| C5 E♭5 F5* | B♭5* D♭5 E♭5 | F5 A♭5 B♭5 | F5 A♭5 B♭5 |

Verse 1

(Fm)w/riff 1
You got to help me, I can't do it all by myself.
    (B♭m)   **(Fm)**
You got to help me baby, I can't do it all by myself.
                 (C7)
You know if you don't help me darling,
(B♭m)   **(Fm)**
    I'll have to find myself somebody else.

Verse 2

(Fm)w/riff 1
I may have to wash, I may have to sew,

I may have to cook, I might mop the floor.
    (B♭m)   **(Fm)**
But you help me baby.
                 (C7)
You know if you don't help me darling,
(B♭m)   **(Fm)**
    I'll find myself somebody else.

Link 1   As Intro

              (Fm)w/riff 1
Verse 3   When I walk, you walk with me, when I talk, you talk to me.
                  (B♭m)   (Fm)
              Oh baby, I can't do it all by myself.
                          (C7)
              You know, if you don't help me darling,
                      (B♭m)   (Fm)
              I'll have to find myself somebody else.

              Help me, help me darling.

Link 2   As Intro

              (Fm)w/riff 1
Verse 4   Bring my nightshirt, put on your morning gown. Whoo,
                      (B♭m)   (Fm)
              Bring my nightshirt, put on your morning gown.
                      (C7)
              Darlin', I know we ain't sleeping,
              (B♭m)   (Fm)
              But I just feel like lying down. Oh yeah.

Outro   As Intro   *To fade*

Hey Joe

Words & Music by Billy Roberts

Chord diagrams: E — Em7 (fr5) — F#5/E — C — G — D — A

Intro | *(Guitar fill)* | E Em7 F#5/E | E ‖

Verse 1

```
        C   G D        A           E            | E |
        Hey Joe, where you goin' with that gun of yours?
        C    G D       A                    E       | E
         Hey Joe, I said where you goin' with that gun in your hand?
        C                     G
         I'm goin' down to shoot my lady,
        D           A                          E       | E |
         You know I caught her messin' 'round with a - nother man.
                C              G
        Yeah, I'm goin' down to shoot my ol' lady,
        D           A                          E
         You know I caught her messin' 'round with another man

        Huh! And that ain't too cool.
```

Verse 2

```
        C      G D A               E
         A-hey Joe,    I heard you shot your woman down,

        You shot her down now.
        C      G D A                    E
         A-hey Joe,    I heard you shot your old lady down,

        You shot her down in the ground, yeah!
        C        G
         Yes, I did, I shot her,
        D           A                        E       | E
         You know I caught her messin' 'round, messin' 'round town,
            C    G
        Uh, yes I did, I shot her.
```

cont.

    D   **A**   **E**
    You know I caught my old lady messin' 'round town,

Then I gave her the gun,

I shot her.

Guitar solo

| **C** | **G** | **D** | **A** | **E** | **E** | |

Alright, shoot her one more time again baby!

| **C** | **G** | **D** | **A** | **E** | **E** | |

Yeah! Dig it.

| **C** | **G** | **D** | **A** | **E** | **E** | ‖

Oh, all right.

Verse 3

C   **G**
Hey Joe,

D A   **E**
   Where you gonna run to now, where you gonna run to?

C   **G**
"Hey Joe", I said,

D A   **E**
   "Where you gonna run to now, where you gonna go?"

C   **G**
I'm goin' way down South,

D A   **E**   **E**
   Way down to Mexico way.

C   **G**
I'm goin' way down South,

D A   **E**
   Way down where I can be free,

Ain't no one gonna find me.

Outro

C   **G**
Ain't no hangman gonna,

D   **A**   **E**
He ain't gonna put a rope around me,

You better believe it right now,

I gotta go now,

C   **G**
Hey Joe,

D   **A**   **E**
You better run on down,

Goodbye everybody. Ow!   *To fade*

Hi-Heel Sneakers

Words & Music by Robert Higgenbotham

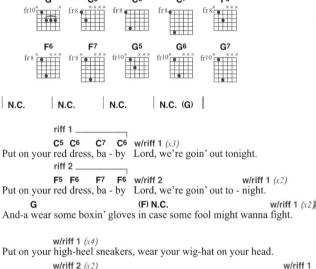

Intro | **N.C.** | **N.C.** | **N.C.** | **N.C. (G)** ‖

Verse 1

riff 1 _____

C5 C6   C7   C6   *w/riff 1 (x3)*

Put on your red dress, ba - by Lord, we're goin' out tonight.

riff 2 _____

F5 F6   F7   F6   *w/riff 2*   *w/riff 1 (x2)*

Put on your red dress, ba - by Lord, we're goin' out to - night.

G   **(F) N.C.**   *w/riff 1 (x2)*

And-a wear some boxin' gloves in case some fool might wanna fight.

Verse 2

w/riff 1 (x4)

Put on your high-heel sneakers, wear your wig-hat on your head.

w/riff 2 (x2)   *w/riff 1*

Put on your high-heel sneakers, child, (wear) your wig-hat on your head.

G

I'm pretty sure now baby,

w/riff 1 (x2)

Lord you know you're gonna knock 'em dead.

Instrumental	(C) riff 1	riff 1	riff 1	riff 1	
	(F) riff 2	riff 2	(C) riff 1	riff 1	
	G5 G6 G7 G6	(F) riff 2	(C) riff 1	riff 1	‖

Verse 3

                   w/riff 1 *(x4)*
Put on your high-heel sneakers, wear your wig-hat on your head.
                   w/riff 2 *(x2)*   **w/riff 1** *(x2)*
Put on your high-heel sneakers, wear your wig-hat on your head.
   G   **(F) N.C.**
Ya know you're real fine,
                       w/riff 1 *(x2)*
I'm pretty sure you're gonna knock 'em dead.

| *Outro* | (C) riff 1 | riff 1 | | |
| | (F) riff 2 | G5 G6 G7 G6 | (C) riff 1 | ‖ *To fade* |

Hound Dog

Words & Music by Jerry Leiber & Mike Stoller

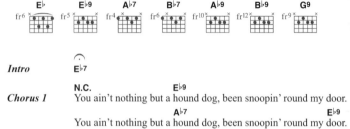

Intro
E♭7

Chorus 1
N.C.   E♭9
You ain't nothing but a hound dog, been snoopin' round my door.
                    A♭7   E♭9
You ain't nothing but a hound dog, been snoopin' round my door.
             B♭7
Well, you can wag your tail,
        A♭7   E♭9
But I ain't gonna feed you no more.

Verse 1
N.C.   E♭9
You told me you were high class, I can see through that.
                    A♭7   E♭9
You told me you were high class, but I can see through that.
             B♭7
Daddy I know,
        A♭7   E♭9
And you ain't no real cool cat.

Chorus 2
                    E♭9
You ain't nothing but a hound dog, been snoopin' round my door.
                    A♭7   E♭9
You ain't nothing but a hound dog, been snoopin' round my door.
             B♭7
Well, you can wag your tail,
        A♭7   E♭9
But I ain't gonna feed you no more.

Solo
(w/vocal
ad lib.)

‖: E♭9 | E♭9 | E♭9 | E♭9 | A♭9 | A♭9 |

| E♭9 | E♭9 | B♭9 | A♭9 G9 | E♭9 | B♭9 :‖

Verse 2

              E♭9
Baby feel so blue, you made me weep and moan.
              A♭7   E♭9
Baby feel so blue, honey you made me weep and moan.
               B♭7
Ain't lookin' for a woman,
        A♭7   E♭9
All you lookin' for is home.

Chorus 3   As Chorus 1

Ending   'And Bow-wow to you too, honey!'

How Long How Long Blues

Words & Music by Leroy Carr

E   E7   A   A7   B7

Tune guitar down a semitone

Intro | E | E7 | A | A7 |

| E | B7 | E   B7 | E   ‖

Verse 1
   E   E7
How long, baby how long,

    A7
Has that evening train been gone,

    E   B7   E B7 | E ‖
How long, how, how long, baby how long.

Verse 2
   E   E7
I stood at the station, watched my baby leaving town,

    A7
Feeling dis - gusted, nowhere could peace be found,

    E   B7   E B7 | E ‖
How long, how, how long, baby how long.

Verse 3
   E   E7
I can hear the whistle blowing but I cannot see no train,

    A7
And it's deep down in my heart baby, there lies an aching pain,

    E   B7   E B7 | E ‖
How long, how, how long, baby how long.

Verse 4

        E   E7
Sometimes I feel so disgusted, and I feel so blue,

        A7
That I hardly know what in this world baby just to do,

   E   B7   E   B7 | E   ‖
How long, how, how long, baby how long.

Verse 5

            E   E7
And if I could holler like I was a mountain train,

          A7
I'd go up on the mountain and I'd call my baby's name,

   E   B7   E   B7 | E   ‖
How long, how, how long, baby how long.

Verse 6

        E   E7
And if someday you're gonna be sorry that you've done me wrong,

          A7
Well it will be too late, baby I will be gone,

   E   B7   E   B7 | E   ‖
For so long, so long, baby so long.

Verse 7

        E   E7
My mind get's a-rambling, I feel so bad,

               A7
Thinking about the bad love, that I have had,

   E   B7   E   B7 | E   ‖
How long, how, how long, baby how long.

I Ain't Superstitious

Words & Music by Willie Dixon

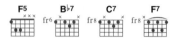

F5   B♭7   C7   F7

Tune guitar slightly sharp

riff 1_____

Intro
| F A♭ B♭ A♭
3fr 1fr 3fr 1fr
④ ③ ③ ③ | **F5 N.C.** | **riff 1** | **riff 1** ‖

(B♭7)
riff 2_____

Verse 1
B♭ B♭ A♭ B♭ A♭ F
6fr 8fr 6fr 8fr 6fr 8fr
⑥ ④ ④ ④ ④ ⑤   **w/riff 2**   **F5 N.C.** | **F5 N.C.** |
I ain't superstitious, (but) a black cat crossed my trail.
(B♭7)**w/riff 2** *(x2)*   **F5 N.C.** | **F5 N.C.** |
I ain't superstitious, but a black cat crossed my trail.

riff 3_____
(C7)
C C B♭ C B♭ G
8fr 10fr 8fr 10fr 8fr 10fr
⑥ ④ ④ ④ ④ ⑤   (B♭7)**w/riff 2**   **F5 N.C.** | **F5 N**
Bad luck ain't got me so far, and I won't let it stop me now.

Verse 2
(B♭7)**w/riff 2***(x2)*   **F5   N.C.**
The dogs begin to bark, all over my neighbour - hood.
          F5   N.C. |
And that ain't all.
(B♭7)**w/riff 2***(x2)*   **F5 N.C.** | **F5 N.C.** |
The dogs begin to bark, all over my neighbour - hood.
(C7)**w/riff 2**   (B♭7)**w/riff 2**
This is a mean old world to live in, and I can't face it all by
          F5   N.C. | **F5 N.C.** ‖
my - self.

Link 1
w/straight crotchet triplet feel

‖: *(B♭7) | (B♭7) | F5 N.C. | F5 N.C. :‖

suggested harmony

| *(C7) | (B♭7) | F5 N.C. | F5 N.C. |

Verse 3

(B♭7)w/riff 2*(x2)*   F5 N.C. | F5 N.C. |
Dogs begin to bark, all over my neighbour - hood.

(B♭7)w/riff 2*(x2)*   F5 N.C. | F5 N.C. |
The dogs begin to bark, all over my neighbour - hood.

(C7)w/riff 3   (B♭7)w/riff 2
I got feeling about the future and it ain't too good,

F5 N.C. | F5 N.C. ‖
I know that.

Link 2
(w/vocal ad lib.)

As Link 1

Verse 4

(B♭7)w/riff 2*(x2)*
Ain't superstitious, but a black cat crossed my trail,

F5 N.C.   F5   N.C.
I said so one time before.

(B♭7)w/riff 2*(x2)*   F5 N.C. | F5 N.C. |
Ain't superstitious, a black cat crossed my trail.

(C7)w/riff 3
Bad luck ain't got me so far, and you

(B♭7)w/riff 2   F5 N.C. | F5 N.C. ‖
Know I ain't gonna let it stop me now.

Solo

‖: F7 | F7 | F7 | F7   :‖ *Play 10 times*

‖: *(Drums)* | *(Drums)* | *(Drums)* | *(Drums)* :‖ *Play 3 times*

⌢
| F7   ‖

I Can't Quit You Baby

Words & Music by Willie Dixon

Tune guitar slightly flat

Verse 1

        A7   **D9**
Well, I can't quit you baby,

                            | **A7** | **A7** |
But I've got to put you down for a while.   Well,

      D9
You know, I can't quit you baby,

                            | **A7** | **A7** |
But I've got to put you down for a while.   Well,

      E7
You messed up my happy home baby,

D9 | **A7** **D7** | **A7** **E7** ‖
  Made me mistreat my only child.

Verse 2

       A7   **A13** **A7**   **D9**
Yes you know I love you ba - by,

      D13 **D9** | **A7** **A13** **A7** | **A13** **A7** |
My love for you I'll never hide.   Oh,

      D9   **D13** **D9** **D13** **D9**
You know I love you ba - by,

                  | **A7** **A13** **A7** | **A13** **A7** |
My love for you I'll never hide.   Yes,

      E7   **D9**
You know I love you baby,

D9 | **A7** **D7** | **A7** **E7** ‖
Well you just my heart's desire.

Verse 3

A7   D9
Well, I'm so tired I could cry,

                    | A7 | A7 |
I could just lay down and die.   Oh,

  D9
I'm so tired I could cry, ooh,

                    | A7 | A7 |
I could just lay down and die.   Yes,

  E7
You know you're the only one darling,

D9 | A7 D7 | A7 E7 ‖
  Ooh, you know you're my desire.

Verse 4

         A7
When you hear me moaning and groaning, baby,

D9 | A7 A13 A7| A13 Ab7 A7|
You know it hurts me way down inside.   Oh,

D9
When you hear me moaning and groaning, baby, oh,

                | A7 | A7 |
You know it hurts me way down inside.   Oh,

E7
When you hear me holler, baby,

D9 | A7 D7 | A7 E7 ‖ *To fade*
Ooh, you know you are my desire.

I'd Rather Go Blind

Words & Music by Ellington Jordan, Billy Foster & Donto Foster

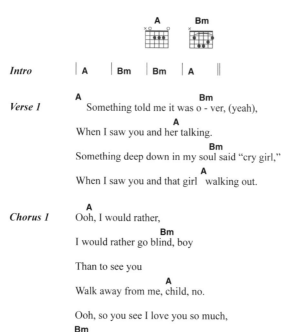

Intro | A | Bm | Bm | A ||

Verse 1
    A   Bm
Something told me it was o - ver, (yeah),

               A
When I saw you and her talking.

                           Bm
Something deep down in my soul said "cry girl,"

                         A
When I saw you and that girl   walking out.

Chorus 1
  A
Ooh, I would rather,

              Bm
I would rather go blind, boy

Than to see you

             A
Walk away from me, child, no.

Ooh, so you see I love you so much,
Bm
  But I don't want

To watch you leave me, babe.

Most of all, I just don't,
       A
I just don't want to be free, no.

Verse 2

       A   **Bm**
Ooh, ooh, I was just, I was just,

I was just sitting here thinking

                       A
Of your kiss and your warm embrace, yeah.

When the reflection in the glass

   Bm
That I held to my lips now, babe (yeah, yeah),

Revealed the tears

     A
That was on my face, yeah, ooh.

Chorus 2

 A
  And baby, baby I'd rather ,

     Bm
I'd rather be blind, boy,

Than to see you walk away,

         A
See you walk away from me, yeah, ooh.

                   Bm
Baby, baby, baby, I'd rather be blind now.   *To fade*

I'm A King Bee

Words & Music by James Moore

E5   A   G   A5   B7

Capo first fret

riff 1 ⌐────────┐
                    E5   A G E5 G   (E5)   riff 1 *(x2)*
Verse 1   Well I'm a king bee, buzz - ing around your hive.
                                   A5   riff 1 *(x2)*
             Well I'm a king bee, buzzing around your hive.
                          B7   **A5**   riff 1 *(x2)*
             Well I can make honey baby, let me come in - side.

             riff 1 *(x4)*
Verse 2   I'm young and able to buzz all night long.
                                 A5   riff 1 *(x2)*
             I'm young and able to buzz all night long.
                          B7   **A5**   riff 1 *(x*
             Well when you hear me buzzin' baby, some stinging is going on.

             (E5)
Link 1 | riff 1 | riff 1 | riff 1 | riff 1 | riff 1 | riff 1 |
                Well,   buzz a while.

             | riff 1 | riff 1 | riff 1 | riff 1 | riff 1 | riff 1 | riff 1
                Sting it then.

Verse 3

riff 1 *(x4)*
Well I'm a king bee, want you to be my queen.

       A5   **riff 1** *(x2)*
Well I'm a king bee, want you to be my queen.

             B7   **A5**   **riff 1** *(x2)*
Together we can make honey, the world ever never seen.

Instrumental	riff 1	riff 1	riff 1	riff 1	
	E5 A5	A5	riff 1	riff 1	
	E5 B7	A5	riff 1	riff 1	‖

Verse 4

riff 1 *(x4)*
Well I'm a king bee, can buzz all night long.

       A5   **riff 1** *(x2)*
Well I'm a king bee, can buzz all night long.

     B7   **A5**   **riff 1** *(x2)*
Well I can buzz better baby, when your man is gone.

Outro

   (E5)
‖: **riff 1** :‖ *Repeat to fade*

I'm In The Mood

Words & Music by John Lee Hooker & Bernard Besman

G7   **C7**   **D7**

Intro | N.C. | N.C. | G7 | G7   ‖

Verse 1

G7
I'm in the mood,

I'm in the mood for love.
       (C7)
I'm in the mood, I'm in the mood,
                   G7
Baby, I'm in the mood for love.

I said night time is the right time,
       (C7)
To be with the one you love.

You know when night come baby,

God know, you're so far away.
       (C7)
I'm in the mood, I'm in the mood,
         G7
I'm in the mood for love.
       D7
I'm in the mood, in the mood,
   (C7)
Baby,   in the mood for love.

Link

| G7 | | G7 | | G7 | | G7 | |

| C7 | | C7 | | G7 | | G7 | |

Verse 2

      G7
I said hey yes, my mother told me,

To leave that girl alone,

But my mother didn't know what that little girl was puttin' down.

      (C7)
I'm in the mood,

I'm in the mood,

      G7
Baby, in the mood for love.

      (D7)
I'm in the mood,

      (C7)
I'm in the mood,

           G7 | **G7** |
Baby, in the mood for love.

(I'm Your)
Hoochie Coochie Man

Words & Music by Willie Dixon

D9 **A7** **E7♯9** **A7/E**

Intro

riff 1 _____

| E G E G | A | N.C. | riff 1 | riff 1 ‖
| open 3fr open 3fr | 5fr
| ⑥ ⑥ ⑥ ⑥ | ⑥

Verse 1

(A) N.C.   w/riff 1 *(x7)*
The gypsy woman told my mo - ther, before I was born,

I got a boy child's comin', he's gonna be a son of a gun.

He gonna make pretty women(s) jump and shout,

Then the world wanna know what this all about.
　　　　　　　　　　D9　　　　　　　　**A7**
But you know I'm him, everybody knows I'm him,
　　　　　　E7♯9
Well you know I'm the hoochie coochie man.
D9　　　　　　　　| A G F♯ F♯ | E D D♯ **E7♯9** riff 1
　　　　　　　　　　| 7fr 5fr 4fr 3fr | 2fr 5fr 6fr　　　　　‖
Everybody knows I'm him. ④ ④ ④ ④ ④ ⑤ ⑤
　　　　　　　　　　　　riff 2 _____

Verse 2

(A) N.C.   w/riff 1 *(x7)*
I got a black cat bone, I got a mojo too

I got the Johnny Cockeroo, I'm gonna mess with you.

I'm gonna make you girls lead me by my hand,

Then the world will know the hoochie coochie man.
　　　　　　　　　　D9　　　　　　　**A7**
But you know I'm him everybody knows I'm him,
　　　　　　E7♯9
Oh you know I'm the hoochie coochie man.
D9　　　　　　| riff 2 _____ | riff 1 ‖
Everybody knows I'm him.

Verse 3

(A) N.C.   w/riff 1 *(x7)*

On the seventh hours, on the seventh day,

On the seventh month, the seven doctors say.

He was born for good luck and that you'll see,

I got seven hundred dollars don't you mess with me.

D9   **A7**
But you know I'm him, everybody knows I'm him,

E7♯9
Well you know I'm the hoochie coochie man.

D9 | A G F♯ F | E D D♯ | **A7/E** ‖
Everybody knows I'm him.   7fr 5fr 4fr 3fr 2fr 5fr 6fr
                          ④ ④ ④ ④ ④ ⑤ ⑤

It Hurts Me Too

Words & Music by Hudson Whittaker

D   G   A7   E♭9   D9

Intro

| D | D | D | G | G |

| D | A7 | D G | D A7 ‖

Verse 1

(A7)   D
You said you're hurt - ing, you almost lost your mind,

          G
The man you love, he hurts you all the time.

         D   A7
When things go wrong, go wrong with you,

        D   G   D A7
It hurts me too.

Verse 2

(A7)   D
You love him more when you should love him less,

          G
Why lick up be - hind him and take his mess?

         D   A7
When things go wrong, go wrong with you,

        D   G   D A7
It hurts me too.

Verse 3

(A7)   **D**
He loves another woman and I love you,

            G
But you love him and stick to him like glue.

           D   **A7**
When things go wrong, go wrong with you,

          D   **G**   **D** **A7**
It hurts me too.

Instrumental

D		**D**		**G**		**G**	
D		**A7**		**D G**		**D A7**	‖

Verse 4

(A7)   **D**
He better leave you or you better put him down,

            G
Because I won't stand to see you pushed around.

           D   **A7**
When things go wrong, go wrong with you,

          D   **G**   **D** **E♭9** **D9**
It hurts me too.

Key To The Highway

Words & Music by Big Bill Broonzy & Charles Segar

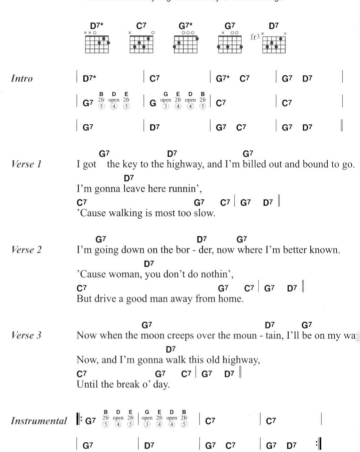

Intro

| D7* | | C7 | | G7* C7 | | G7 D7 | |

| G7 B D E 2fr open 2fr ⑤ ④ ⑤ | | G G E D B open 2fr open 2fr ③ ④ ④ ⑤ C7 | | C7 | |

| G7 | | D7 | | G7 C7 | | G7 D7 | |

Verse 1

    G7   D7   G7
I got the key to the highway, and I'm billed out and bound to go.
       D7
I'm gonna leave here runnin',
C7   G7 C7 | G7 D7
'Cause walking is most too slow.

Verse 2

     G7   D7 G7
I'm going down on the bor - der, now where I'm better known.
       D7
'Cause woman, you don't do nothin',
C7   G7 C7 | G7 D7
But drive a good man away from home.

Verse 3

       G7   D7 G7
Now when the moon creeps over the moun - tain, I'll be on my wa'
        D7
Now, and I'm gonna walk this old highway,
C7   G7 C7 | G7 D7
Until the break o' day.

Instrumental ‖: G7 B D E 2fr open 2fr ⑤ ④ ⑤ | G G E D B open 2fr open 2fr ③ ④ ④ ⑤ | C7 | | C7 | |

| G7 | | D7 | | G7 C7 | | G7 D7 :‖ |

Verse 4

       G7   **D7**   **G7**
Run   here, sweet ma - ma, now, and help me with this heavy load,

      D7
I am due in west Texas,

      C7   **G7**   **C7** | **G7**   **D7** ‖
And I've got to get on the road.

Verse 5

      G7   **D7**   **G7**
I'm goin' to west Texas, I'm goin' down behind the sun,

      D7
I'm goin'   to ask the good Lord,

    C7   **G7**   **C7** | **G7**   **D7** ‖
What evil I have done?

Outro

| **G7** | **C7** | | **C7** | |

Yeah.

| **G7** | **D7** | **G7** **C7** | **G7** **D7** ‖

Killing Floor

Words & Music by Chester Burnette

E7/D D7/C A7 E7 A/E

Bm(no5) A/C# D/A Em(no5) D/F#

Intro | E7/D | D7/C | A7 | E7 ||

riff 1 _____

Link 1 | A/E Bm(no5) | A/C# | A/E Bm(no5) | A/C# |

| D/A Em(no5) | D/F# | A/E Bm(no5) | A/C# |

| E7/D | D7/C | A7 | E7 ||

w/riff 1

Verse 1 I should have quit you, a long time ago.

I should have quit you, baby, 'long time ago.
       E7/D D7/C   A7 | E7 ||
I should have quit you, and went on to Mexico.

w/riff 1

Verse 2 If I had a - followed, my first mind.

If I had a - followed, my first mind.
       E7/D D7/C   A7 | E7 ||
I'd a-been gone, since my second time.

Link 2 As Link 1

	w/riff 1
Verse 3	I should have went on, when my friend come from Mexico at me.

I should have went on, when my friend come from Mexico at me.

E7/D   **D7/C**
But no, I was foolin' with you baby,

                     A7 | **E7**
I let you put me on the killin' floor.

	w/riff 1
Verse 4	Lord knows, I should have been gone.

Lord knows, I should have been gone.

E7/D   **D7/C**
And I wouldn't have been here,

                 A7 | **E7**
Down on the killin' floor.

Outro	As Link 1 *To fade.*

Kindhearted Woman Blues

Words & Music by Robert Johnson

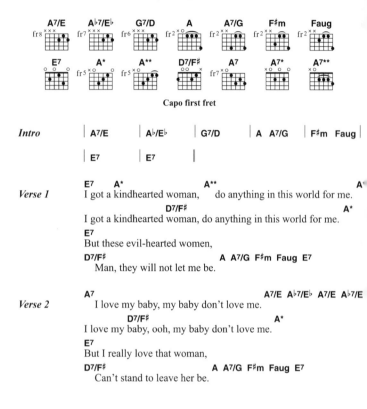

Capo first fret

Intro | A7/E | A♭7/E♭ | G7/D | A A7/G | F♯m Faug |

| E7 | E7 ||

Verse 1
E7   A*   A**   A
I got a kindhearted woman,   do anything in this world for me.
                     D7/F♯   A*
I got a kindhearted woman, do anything in this world for me.
E7
But these evil-hearted women,
D7/F♯   A A7/G F♯m Faug E7
    Man, they will not let me be.

Verse 2
A7   A7/E A♭7/E♭ A7/E A♭7/E
    I love my baby, my baby don't love me.
                D7/F♯   A*
I love my baby, ooh, my baby don't love me.
E7
But I really love that woman,
D7/F♯   A A7/G F♯m Faug E7
    Can't stand to leave her be.

Verse 3

A7*   D7/F♯
   Ain't but the one thing makes Mister Johnson drink,

   A7*   D7/F♯   A7*   D7/F♯ A7*
I's worried 'bout how you treat me, baby, I be - gin to think.

   (A7*)   A7*
Oh babe, my life don't feel the same.

E7
You breaks my heart when you

D7/F♯   A A7/G F♯m Faug E7
Call mister so-and-so's name.

Instrumental

A7		A7 A♭7/E♭ A**	A7		A7 A♭7/E♭ A**

D7/F♯	D7/F♯	A*	A*	

E7	D7/F♯	A A7/G	F♯m Faug	E7	‖

Verse 4

E7   A*   A**   A* A A7**
She's a kindhearted woman,   she studies evil all the time.

   D7/F♯   A* A A7**
She's a kindhearted woman, she studies evil all the time.

E7
   You well's to kill me

D7/F♯   A A7/G F♯m Faug E7 A**
   As to have it on your mind.

101

La Grange

Words & Music by Billy Gibbons, Dusty Hill & Frank Beard

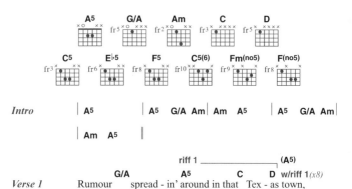

Intro | A5 | A5   G/A   Am | Am   A5 | A5   G/A   Am |

| Am   A5 ||

riff 1 _____ (A5)

                                  G/A   A5   C   D   w/riff 1 *(x8)*
Verse 1   Rumour   spread - in' around in that   Tex - as town,

About that shack outside La Grange.

And you know what I'm talkin' about,

Just let me know if you wanna go.

To that home out on the range,

They gotta lotta nice girls, oh.

A5

w/riff 1 *(x4)*
Bridge   Have mercy,

A haw, haw, haw, haw.

A haw, a haw, haw, haw.

A5

w/riff 1 *(x8)*

Verse 2   Well, I hear it's fine if you've got the time,

And that ten to get yourself in ahmm, hmm,

And I hear it's tight most every night,

But now I might be mistaken.

Instrumental ‖: C5 | C5 E♭5 F5 | C5 | C5 E♭5 F5 :‖ *Play 8 times*

‖: C5(6) | Fm(no5) | F(no5) | A5 C C♯ A5 :‖
                                              3fr 4fr
                                              (5) (5)

Breakdown | A5 | A5 G/A Am | Am A5 | A5 G/A Am |

| Am A5 | A5 G/A Am | Am A5 | N.C. ‖

Outro ‖: A5 | A5 C D :‖ *Repeat to fade*

Lady Sings The Blues

Words by Billie Holiday
Music by Herbie Nichols

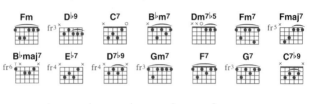

Intro | Fm | Fm | Fm | D♭   C7 ‖

Verse 1
Fm   B♭m7   Dm7♭5   Fm7
   Lady sings the blues, she's got them bad, she feels so sad
Fmaj7   B♭maj7   Fmaj7 E♭7   D7♭9   Gm7
   And wants the world to know just what her blues   is all about.

Verse 2
Fm   B♭m7   Dm7♭5   Fm7
   The lady sings the blues, she tells her side, nothing to hide,
Fmaj7   B♭maj7   Fmaj7 E♭7   D7♭9   Gm7   C
   Now the world will know just what the blues   is all a - bout.

Bridge 1
F7
   The blues ain't nothing but a pain in your heart,

When you get a bad start, when you and your man have to part.
G7
I ain't gonna just sit around and cry,
                            C7
I know I won't die 'cause I love him.

Verse 3

Fm   B♭m7   Dm7♭5   Fm7

Lady sings the blues, I'm tellin' you she's got 'em bad,

   Fmaj7   B♭maj7

But now_____ the world will know

     Fmaj7 E♭7   D7♭9   Gm7 C7 Fmaj7

She's never gonna sing them no more.

Bridge 2

(Fmaj7)   F7

'Cause the blues ain't nothing but a pain in your heart,

When you get a bad start, when you and your man have to part.

G7

Ain't gonna just sit around and cry,

            C7

I know I won't die 'cause I love him.

Verse 4

Fm   B♭m7   Dm7♭5   Fm7

Lady sings the blues, I'm tellin' you she's got 'em bad,

   Fmaj7   B♭maj7   Fmaj7 E♭7   D7♭9   Gm7

But now the world will know she's never gonna sing them no more,

C7♭9   Fm

No more._____

105

Love In Vain Blues

Words & Music by Robert Johnson

Capo first fret

Intro | E* | F♯m   D | D   A   A7 | E   ‖

Well I…

Verse 1
A   **A7**
Followed her to the station   with a suitcase in my hand,
D   **E7/B**
Yeah, I followed her to the sta - tion,
                                    A   E | **Asus4 A** |
With a suitcase in my hand.
                    E   **E/G♯**
Well, it's hard to tell, it's hard to tell,
F♯m   **D**   **A   A7** | **E**   ‖
   When all your love's in vain.   When the

Verse 2
A   **A7**
Train come in the sta - tion, I looked her in the eye,
                        D   **E7/B**
Well, the train come in the sta - tion,
                                    A   E | **Asus4 A** |
I looked her in the eye.
            E   **F♯m**
Well, I felt so sad so lonesome,
                            D   **A   A7** | **E**   ‖
That I could not help but cry.

Instrumental | A   A/G | A   A/G | A   A/G | A⁷   A⁷/G |

| D   D/F♯ | E⁷/B | A   E | Asus⁴   A |

| E | F♯m   D | A   A⁷ | E   ‖

                                              When the

Verse 2

A   A/G   A A/G A⁷   A⁷/G
Train   left the sta - tion,   it had   two lights on behind,

                    D   **D/F♯**
Yeah, when the train had left the station,

E⁷/B   **A   E | Asus⁴ A** |
It had two lights on be - hind.

          E   **F♯m**
Well, the blue light was my baby,

                    D   A   A⁷ | E   ‖
And the red light was my mind.

Outro | A   A/G | A   A/G | A   A/G | A⁷   A⁷/G |
             All   my   love's   in   vain.

             | D   D/F♯ | E⁷/B | A   E | Asus⁴   A |

             | E   E/G♯ | F♯m   D | A   A⁷ | E   A⁷ ‖
                          All my love's in vain.

Mannish Boy

Words & Music by McKinley Morganfield, Ellas McDaniels & Melvin London

Intro
*(Freely
vocal ad lib.)*

Ooooooh, yeah, ooh, yeah

Everythin', everythin', everythin' gonna be all right this mornin',

Ooh yeah, whoa.

riff 1 _____

| A5 D A5 C A5 |

w/riff 1 throughout

Verse 1
Now when I was a young boy, at the age of five,

My mother said I was gonna be, the greatest man alive.

But now I'm a man, way past 21,

I want you to believe me baby, I had lots of fun.

I'm a man, I spell M,

A child, N.

That represents man, no B,

O child, Y.

Chorus 1 **w/riff 1 throughout**
That mean mannish boy, I'm a man.

I'm a full grown man, I'm a man.

I'm a natural born lover's man, I'm a man.

I'm a rollin' stone, I'm a man.

I'm a hoochie coochie man.

Verse 2 **w/riff 1 throughout**
Sittin' on the outside, just me and my mate.

You know I'm made to move you honey, come up two hours late.

Wasn't that a man, I spell M,

A child, N.

That represents man, no B,

O child, Y.

Chorus 2 **w/riff 1 throughout**
That mean mannish boy, I'm a man.

I'm a full grown man, man.

I'm a natural born lover's man, man.

I'm a rollin' stone, man-child.

I'm a hoochie coochie man.

Verse 3	**w/riff 1 throughout** The line I shoot, and I'll never miss,
	When I make love to a woman, she can't resist.
	I think I go down, to old Kansas Stew,
	I'm gonna bring back my second cousin, that little Johnny Cocke
	All you little girls, sittin'out at that line,
	I can make love to you woman, in five minutes time.
	Ain't that a man, I spell M,
	A child, N.
	That represents I'm grown, no B,
	O child, Y.

Chorus 3	**w/riff 1 throughout** That mean mannish boy, man.
	I'm a full grown man, man.
	I'm a natural born lover's man,
	Man, I'm a rollin' stone.
	I'm a man-child,
	I'm a hoochie coochie man.

Chorus 3	**w/riff 1 throughout** Well, well, well, well,
	Hurry, hurry, hurry, hurry.
	Don't hurt me, don't hurt me child,
	Don't hurt me, don't hurt me, don't hurt me child.
	Well, well, well, well.

Outro	| **A5 C5 D5 E♭5 E** | **B♭7 A7** ||

Spoonful

Words & Music by Willie Dixon

E   G   Em   B   G*   E7#9
fr7   fr3   fr6

Intro   E ‖ G E G E ‖ G   E │ riff 1 │ (riff 1) │ riff 1 │ (riff 1) ‖

riff 1

Verse 1

    Em   B
Could fill spoons full of diamonds,

                                     B
Could fill spoons full of gold.

Em
Just a little spoon of your precious love

         N.C.   Em
Will satisfy my soul.

Chorus 1

      Em   G E
Men lies about it.

                 Em   G   E
Some of them cries about it.

                 Em   G   E
Some of them dies about it.

Em   G   E
Everything's a-fightin' about the spoon - ful.

      riff 1
That spoon, that spoon, that spoon - ful.

      riff 1
That spoon, that spoon, that spoon - ful.

      riff 1
That spoon, that spoon, that spoon - ful.

      riff 1
That spoon, that spoon, that spoon…

Link 1 | **riff 1** | **(riff 1)** | **riff 1** | **(riff 1)** |

            | **riff 1** | **(riff 1)** | **G E G E** | **G B** ‖

Verse 2

      Em   **B**
Could fill spoons full of coffee,

                          B
Could fill spoons full of tea.

      Em
Just a little spoon of your precious love;

        N.C.   **Em**
Is that enough for me?

Chorus 2   As Chorus 1

Solo | **(Em)** ———— 42 ———— | ‖
                      ad lib.

Link 2   ‖: **Riff 1** | **(Riff 1)** :‖ *Play 5 times*

           | **G E G E** | **B** ‖

Verse 3

      Em   **B**
Could fill spoons full of water,

                           B
Saved them from the desert sands.

      Em
Was a little spoon of your love baby,

      N.C.   **Em**
Saved you from another man.

Chorus 3

      Em   **G** **E**
Men lies uh,

         Em   **G** **E**
Some of them cries about it.

         Em **G** **E**
Some of them dies.

          Em   **G** **E**
Everything's a - fightin' about it.

      riff 1
Everything's a-cryin' about it.

      riff 1
Everything's a, everything's a-dyin' about it.

Everything's a-cryin' about it.

    riff 1
Everything's a-lyin' about it.

       riff 1
Li'l old, li'l old,

     riff 1
Spoon - ful,

     | **riff 1** | **(riff 1)**   ‖
Spoon - ful.

riff 1

Chorus 4
Hey!

Everything's a-dyin' about it.

    riff 1
All right, just cryin' about it.

  riff 1
That spoon, that spoon that...

    riff 1
Little old spoon, little old spoon, little old...

    riff 1
Little old spoon, little old spoon, little old spoon - ful.

   riff 1
That spoon, that spoon, that spoon - ful.

riff 1
Spoon, that spoon, that spoon - ful, yeah.

Outro   ‖: **riff 1** | **(riff 1)** :‖ *Play 5 times*

    | 𝄐
    | **N.C.**   ‖

My Babe

Words & Music by Willie Dixon

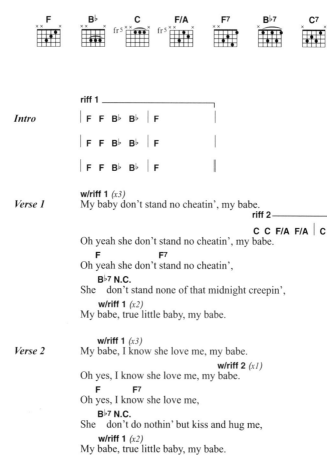

Intro

riff 1 _____

| F F B♭ B♭ | F |

| F F B♭ B♭ | F |

| F F B♭ B♭ | F ‖

Verse 1

w/riff 1 *(x3)*
My baby don't stand no cheatin', my babe.

riff 2 _____

C C F/A F/A | C |

Oh yeah she don't stand no cheatin', my babe.

    F   **F7**
Oh yeah she don't stand no cheatin',

  B♭7 N.C.
She   don't stand none of that midnight creepin',

  w/riff 1 *(x2)*
My babe, true little baby, my babe.

Verse 2

  w/riff 1 *(x3)*
My babe, I know she love me, my babe.

               w/riff 2 *(x1)*
Oh yes, I know she love me, my babe.

  F   **F7**
Oh yes, I know she love me,

  B♭7 N.C.
She   don't do nothin' but kiss and hug me,

  w/riff 1 *(x2)*
My babe, true little baby, my babe.

Instrumental	‖: F	F	F	F7	
	B♭7	B♭7	F	F	
	C7	C7	F	F	:‖

Verse 3

     w/riff 1 *(x3)*
My baby don't stand no cheatin', my babe.

              w/riff 2 *(x1)*
Oh no, she don't stand no cheatin', my babe.

  F   **F7**
Oh no, she don't stand no cheatin',

    B♭7 N.C.
Ev' - rything she do she do so pleasin',

    w/riff 1 *(x2)*
My babe, true little baby, my babe.

Verse 4

     w/riff 1 *(x3)*
My baby don't stand no foolin', my babe.

              w/riff 2 *(x1)*
Oh yeah, she don't stand no foolin', my babe.

  F   **F7**
Oh yeah, she don't stand no foolin',

B♭7 N.C.
When she's hot there ain't no coolin'.

Outro

  w/riff 1
My babe, true little baby, my babe,

‖: She's my baby (true little baby). :‖ *Repeat to fade*

115

Mystery Train

Words & Music by Sam C. Phillips & Herman Parker Jr

E   A/E   A7   B7

Intro
| E A/E E A/E | E A/E E A/E | E A/E E A/E ‖

Verse 1

A7
                                 E   A/E E A/E | E A/E E A/E |
Train I ride, sixteen coaches long.

A7
                                 E   A/E E A/E | E A/E E A/E |
Train I ride, sixteen coaches long.

         B7
Well, that long black train

A7
                 E   A/E E A/E | E A/E E A/E ‖
Got my baby and gone.

Verse 2

A7
    Train train, comin' 'round,

               E   A/E E A/E | E A/E E A/E |
'Round the bend.

A7
                              E   A/E E A/E | E A/E E A/E |
Train train, comin' 'round the bend.

        B7
Well it took my baby,

A7
                 E   A/E   E A/E | E A/E E A/E ‖
But it never will again (no, not a - gain).

Verse 3

A7
                          E A/E E A/E | E A/E E A
Train train, comin' down, down the line.

A7
                       E A/E E A/E | E A/E E A/E |
Train train, comin' down the line.

       B7
Well it's bringin' my baby,

A7   **E**
  'Cause she's mine, all, all mine.

A/E E A/E E A/E E A/E   E A/E
(She's mine,＿ all, all mine.＿)

Instrumental	A⁷		A⁷		E		E		

	B⁷		A⁷		E A/E E A/E	E A/E E A/E ‖

Verse 4

A⁷
    Train train, comin' 'round,

              E   A/E E A/E │ E A/E E A/E │
'Round the bend.

             A⁷   E   A/E E A/E │ E A/E E A/E │
Train train, comin' 'round the bend.

      B⁷
Well it took my baby,

A⁷   E   A/E E   A/E │ E A/E E A/E ‖
    But it never will again   (never will again).

Coda

	A⁷		A⁷		E A/E E A/E	E A/E E A/E ‖

                                            To fade

Need Your Love So Bad

Words & Music by Mertis John Jr.

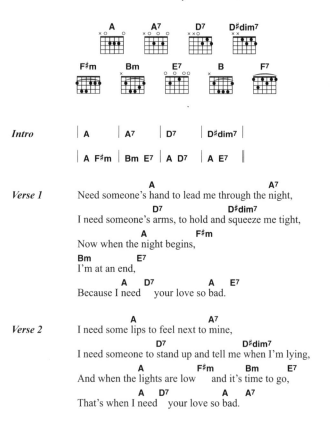

Intro

| A | A7 | D7 | D♯dim7 |

| A F♯m | Bm E7 | A D7 | A E7 ‖

Verse 1

         A   A7
Need someone's hand to lead me through the night,

        D7   D♯dim7
I need someone's arms, to hold and squeeze me tight,

        A   F♯m
Now when the night begins,

Bm   E7
I'm at an end,

       A   D7   A E7
Because I need   your love so bad.

Verse 2

        A   A7
I need some lips to feel next to mine,

       D7   D♯dim7
I need someone to stand up and tell me when I'm lying,

     A   F♯m   Bm   E7
And when the lights are low   and it's time to go,

      A D7   A A7
That's when I need   your love so bad.

                  D7
So why don't you give it up,

          D♯dim7
And bring it home to me,

                A
Or write it on a piece of paper baby

        A7
So it can be read to me.

             B
Tell me that you love me

And stop driving me mad,

        E7 F7   **E7**
Oh because I,   I need your love so bad.

             A   **A7**
Verse 3   Need your soft voice to talk to me at night,

           D7
I don't want you to worry baby,

         D♯dim7
I know we can make everything all right.

A   **F♯m Bm**   **E7**
Listen to my plea baby,   bring it to me,

         A   **D7**   **A**   **E7**
Because I need   your love so bad.

Outro   ‖: **A** | **A7** | **D7** | **D♯dim7** |

            | **A F♯m** | **Bm E7** | **A D7** | **A E7** :‖ *Repeat to fade*

Nobody Knows You When You're Down And Out

Words & Music by Jimmie Cox

C E7 A7 Dm F

F#dim7 D7 G7 B9 C9

Intro

| C E7 | A7 | Dm A7 | Dm |

| F F#dim7 | C A7 | D7 | G7 |

Verse 1

C   E7   A7
Once I lived the life of a millionaire,
Dm   A7   Dm
    Spent all my money, didn't have any care.
F   F#dim7   C   A7
    Took all my friends out for a mighty good time,
D7   G7
    We bought bootleg liquor,   champagne and wine.

Verse 2

C   E7   A7
Then I be - gan to fall so low,
Dm   A7   Dm
    Lost all my good friends, had nowhere to go.
F   F#dim7   C   A7
    If I get my hands on a dollar a - gain,
D7   G7
    I'll hang on to it till that old eagle grins.

Chorus 1

(G7)   C   E7   A7
Because,   no - body knows you
Dm   A7   Dm
    When you're down and out.
F   F#dim7 C   A7
    In your pocket, not one pen - ny,
D7   G7
    And as for friends, you don't have many.

                C   E7   A7
Verse 3   When you get back on your feet again,
                Dm   A7   Dm
                Everybody wants to be your long lost friend.
                F   F♯dim7   C   A7
                I said it's strange, with - out any doubt,
                D7   G7
                Nobody knows you when you're down and out.

Guitar solo | C   E7 | A7 | Dm   A7 | Dm |

               | F   F♯dim7 | C   A7 | D7 | G7   ‖

Piano solo | C   E7 | A7 | Dm   A7 | Dm |

               | F   F♯dim7 | C   A7 | D7 | G7   ‖

                (G7) C   E7   A7
Chorus 2   Lord,   no - body knows you
                Dm   A7   Dm
                When you're down and out.
                F   F♯dim7 C   A7
                In your pocket, not one pen - ny,
                D7   G7
                And as for friends, you don't have any.

                C   E7   A7
Verse 4   When you get back up on your   feet again,
                Dm   A7   Dm
                Everybody wants to be your long lost friend.
                F   F♯dim7   C   A7
                I said it's strange, with - out any doubt,
                D7
                Nobody knows you, (nobody knows you).
                F
                Nobody knows you, (nobody knows you).
                D7   G7   N.C.   B9 C9
                Nobody knows you   when you're down and out.

                                        121

Old Love

Words & Music by Eric Clapton & Robert Cray

Am7   Dm7/A   Dm7/G   G   F

Gsus4   E7   Am   Am(maj7)   Am6

Intro
‖: Am7 Dm7/A | Dm7/G G | Am7 Dm7/A | Dm7/G G :‖

Verse 1

Am7   Dm7/A   Dm7/G   G
   I can feel your body

Am7   F   Gsus4   G
   When I'm lyin' in my bed,

Am7   Dm7/A   Dm7/G   G
   Too much confusion

Am7   F   Gsus4   G
   Goin' round through my head.

F   E7
And it's makin' me so angry,

                 Am   Am(maj7) Am7 Am6
To know that the flame still burns.

F
Why can't I get over

E7   F   E7
And when will I ever learn.

Chorus 1

         Am7   Dm7   Dm7/G   G
Old love,

             Am7   Dm7   Dm7/G   G
Leave me alone.

Am7   Dm7   Dm7/G   G
Old love,

Am7   Dm7   Dm7/G   G
Go on home.

Verse 2

Am7   Dm7/A   Dm7/G G
I can see your face

Am7   F   Gsus4 G
But I know it's not real.

Am7 Dm7/A   Dm7/G   G
Just an illusion

Am7   F   Gsus4 G
Caused by how I used to feel.___

F   E7
Makes me so angry

              Am   Am(maj7) Am7 Am6
To know that the flame will always burn.

F   E7
Never get over,

                       F   E7
Know now that I'll never learn.

Chorus 2   As Chorus 1

Solo   ‖: Am7 Dm7/A | Dm7/G G | Am7 F | Gsus4 G :‖

            | F | E7 | Am Am(maj7) | Am7 Am6 |

            | F | E7 | F | E7   ‖

Chorus 3   As Chorus 1

                                     Repeat to fade
Coda   ‖: Am7 Dm7/A | Dm7/G G | Am7 F | Gsus4 G :‖

On The Road Again

Words & Music by Allen Wilson & Floyd Jones

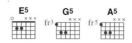

Fade in

Intro

| (Em) | (Em) | (Em) | (Em) | (Em) |

| E5 | E5 | E5 G5 A5 | E5 ‖

Well I'm...

Verse 1

(E5)
So tired of crying, but I'm out on the road again,

G5   A5   E5
I'm on the road again.

(E5)
Well, I'm so tired of crying, but I'm out on the road again,

G5   A5   E5
I'm on the road again.

(E5)   G5 A5 E5
I ain't got no woman just to call my special friend.

(E5)
You know the first time I travelled out in the rain and snow,

G5   A5   E5
In the rain and snow.

(E5)
You know the first time I travelled out in the rain and snow,

G5   A5   E5
In the rain and snow.

(E5)   G5 A5 E5
I didn't have no payroll, not even no place to go.

(E5)
And my dear mother left me when I was quite young,

G5   A5   E5
When I was quite young.

(E5)
And my dear mother left me when I was quite young,

G5   A5   E5
When I was quite young.

(E5)   G5 A5 E5
She said "Lord, have mercy on my wicked son."

Instrumental   ‖: (E5) | (E5) | E5 G5 A5 | (E5)   :‖

             | E5 | E5 | E5 G5 A5 | E5   ‖

                                      Take a...

             (E5)

Verse 2   Hint from me, mama, please don't you cry no more,

                 G5 A5 E5

             Don't you cry no more.

                (E5)   **G5 A5 E5**

             Take a hint from me, mama, please don't you cry no more,

                 G5 A5 E5

             Don't you cry no more.

                      (E5)   **G5 A5 E5**

             'Cause it's soon one morning down the road I'm going.

                 (E5)

             But I ain't going down that long old lonesome road,

             G5 A5   **E5**

             All by myself.

                 (E5)

             But I ain't going down that long old lonesome road,

             G5 A5   **E5**

             All by myself.

                 (E5)   **G5 A5 E5**

             I can't carry you baby, gonna carry somebody else.

Outro   ‖: E5 | E5 | E5 G5 A5 | E5   :‖

                                        Repeat to fade

One Bourbon, One Scotch, One Beer

Words & Music by John Lee Hooker

G7   C7   D7

Intro

| G7 | G7 | G7 | G7 |

| C7 | C7 | G7 | G7 |

| D7 | C7 | G7 | G7 |

Chorus 1

G7
One bourbon, one scotch, and one beer.
    C7   **G7**
One bourbon, one scotch, and one beer.
           D7
Hey mister bartender,
      C7   **G7**
Come here I want another drink and I want it now.

Verse 1

My baby she gone, she been gone two night,

I ain't seen my baby since night before last.
             C7   **G7**
One bourbon, one scotch, and one beer.
            D7 **C7**   **G7**
And then I sit there, gettin' high,   mellow, knocked out.

Verse 2

                                      C7
Feeling good, and by the time I looked on the wall,

At the old clock on the wall,
   G7
By that time, it was ten thirty daddy.
D7   **C7**   **G7**
  I looked down the bar,   at the bartender, he said,

"So what do you want Johnny?"

Chorus 2
                                             C7
One bourbon, one scotch, and one beer.

                               G7
Well, my baby she gone, she been gone two night,

                    D7
I ain't seen my baby since night before last,

  C7   **G7**
I wan - na get drunk till I'm off of my mind,

One bourbon, one scotch, and one beer.

Verse 3
                    C7
And I sat there,   gettin' high,
G7   **D7**
Stoned, knocked out, and by the time
C7   **G7**
I looked on the wall, at the old clock again.

Verse 4
And by that time, It was a quarter to two,
              C7
Last call for alcohol, I said,

                G7   **D7**
"Hey mister barten - der," he said, "What do you want?"
  C7   **G7**
One bourbon, one scotch, and one beer.

Outro
One bourbon, one scotch, and one beer.
C7   **G7**
One bourbon, one scotch, and one beer. *To fade*

Parisienne Walkways

Words & Music by Gary Moore & Phil Lynott

Intro

| N.C. | Am | Dm7 | Dm7/G |
| Cmaj7 | F | Bm7♭5 | E7 | Am N.C. ‖

Verse 1

    Am   Dm7
I remember Paris   in '49,

    Dm7/G   Cmaj7
Champs Élysées, Saint-Michel and old Beaujolais wine.

    F   Bm7♭5
And I recall, that you were mine,

    E7   A   Bm/A | A N.C. ‖
In those Parisienne days.

Instrumental 1

| Dm7 | Dm7/G | Cmaj7 | F | |
| Bm7♭5 | E E7 | Am F/A D/A ‖

Verse 2

N.C.   Dsus⁴ Dm

Looking back at the photographs,

Dm⁷/G   Cmaj⁷

   Those summer days spend outside corner cafés

Fmaj⁷   Bm⁷♭5

   Oh, I could write you paragraphs,

   B⁷   E F | E N.C. | N.C. ‖

A - bout my old Parisienne days.

Instrumental 2 | Dm | Dm⁷/G | Cmaj⁷ | Fmaj⁷ |

                 | Bm⁷♭5 E | Am Dm | Am F E | Am Dm |

                 | Am F E | Am Dm | Am F E | Am Dm |

                 | Am F E | Am Dm | Am   ‖ *To fade*

Please Send Me Someone To Love

Words & Music by Percy Mayfield

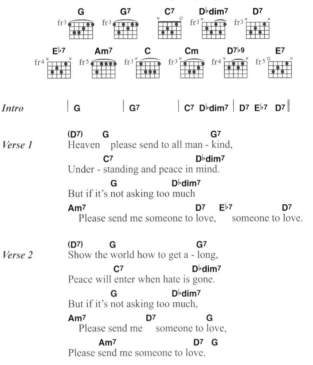

Intro | G | G7 | C7 D♭dim7 | D7 E♭7 D7 ‖

Verse 1

(D7)   G   G7
Heaven   please send to all man - kind,

C7   D♭dim7
Under - standing and peace in mind.

G   D♭dim7
But if it's not asking too much

Am7   D7   E♭7   D7
Please send me someone to love,   someone to love.

Verse 2

(D7)   G   G7
Show the world how to get a - long,

C7   D♭dim7
Peace will enter when hate is gone.

G   D♭dim7
But if it's not asking too much,

Am7   D7   G
Please send me   someone to love,

Am7   D7   G
Please send me someone to love.

Bridge

(G)   C   Cm   G
I lay a - wake nights and ponder world trou - bles,

        Am7   D7♭9   G   G7
And my answer is always the same.

           C   Cm G   E7
That un - less men put an end to this damnable sin,

Am7   D7
Hate will put the world in a flame, what a shame.

Verse 3

(D7)   G   G7
Just be - cause I'm in mise - ry,

        C7   D♭dim7
I don't beg for no sympa - thy.

        G   D♭dim7
But if it's not asking too much,

Am7   D7   G
   Please send me someone to love,

      Am7   D7   G
Please   send me someone to love.

Instrumental | G | G7 | C7 D7 | G E♭7 D7 ‖

Verse 4

(D7)   G   G7
Show the world how to get a - long,

        C7   D♭dim7
Peace will enter when hate is gone.

        G   D♭dim7
But if it's not asking too much,

Am7   D7   G
   Please send me someone to love,

      C   Am7 D7♭9 G
Please send me someone to love.

Presence Of The Lord

Words & Music by Eric Clapton

C	F	Em	Dm	G	Am

D	D7	Asus2	G5	E	B♭

Intro
| C F Em Dm | C F Em Dm | C F Em Dm | C F Em Dm ‖

Verse 1

C G   Am
 I have finally found a way to live,

F   C F Em Dm
 Just like I never could before.

C G   Am   D
I know that I don't have much to give

          G N.C. Em G
But I can open any door.

Chorus 1

Am   F   N.C. Em G
Everybody knows the secret,

Am   D7   G
Oh, everybody knows the score, yeah, yeah, yeah, yeah.

C G   Am
I have finally found a way to live

F   G   (C)
In the colour of the Lord.

Link 1
| C F Em Dm | C F Em Dm ‖
 (Lord.)

Verse 2

C G   Am
I have finally found a place to live

F   C F Em Dm
Just like I never could before.

C G   Am   D
And I know I don't have much to give

          G N.C. Em G
But soon I'll open any door.

Chorus 2

Am   F   N.C. Em G
Everybody knows the secret,

Am   D7   G
Oh, everybody knows the score, _____

C   G   Am
I have finally found a place to live

F   G   C   F Em Dm C
In the presence of the Lord,

F   Em   Dm   Asus2
In the presence of the Lord.

Link 2
(Double time)

| N.C. | N.C. | N.C. | N.C. ‖

Instrumental

‖: Am | Am | Am | Am :‖

| D7 | D7 | D7 | D7 |

| E | E | E | E |

| G5 | C | B♭ | G ‖

Link 3
(Half time)

| C F Em Dm | C F Em Dm ‖

Verse 3

C   G   Am
I have finally found a way to live,

                        C F Em Dm
Just like I never could before.

C   G   Am   D
And I know I don't have much to give

                    G   N.C. Em G
But I can open any door.

Chorus 3

Am   F   N.C. Em G
Everybody knows the secret,

Am   D7   G
I said, 'cause everybody knows the score.___

C   G   Am
I have finally found a way to live

F   G   C   F Em Dm C
In the colour of the Lord,

F   Em   Dm   C   F Em Dm | C   ‖
In the colour of the Lord.

Pride And Joy

Words & Music by Stevie Ray Vaughan

E **G** **B7** **E5** **A7** **E7** **B7♯5**

Tune guitar down a semitone

Intro		E		G		E		B7	
		E5		E5		E5		E5	
		A7		A7		E5		E5	
		B7		A7		E5		E5	B7 ‖

Verse 1

          E5
Well you've heard about love givin' sight to the blind,

My baby's lovin' cause the sun to shine.
     A7   **E5**
She's my sweet little thing, she's my pride and joy.
     B7   **A7**   **E5**   **E5 B7**
She's my sweet little baby, I'm her little lover boy.

Verse 2

          E5
Yeah I love my baby, heart and soul,

Love like ours won't never grow old,
     A7   **E5**
She's my sweet little thing, she's my pride and joy.
     B7   **A7**   **E5**   **E5 B7**
She's my sweet little baby, I'm her little lover boy.

Verse 3

E5 N.C.   E5 N.C.
Yeah I love my lady, she's long and lean,

E5 N.C.   E7
You mess with her, you'll see a man get mean.

         A7   E5
She's my sweet little thing, she's my pride and joy.

         B7   A7   E5 | E5 B7 ‖
She's my sweet little baby, I'm her little lover boy.

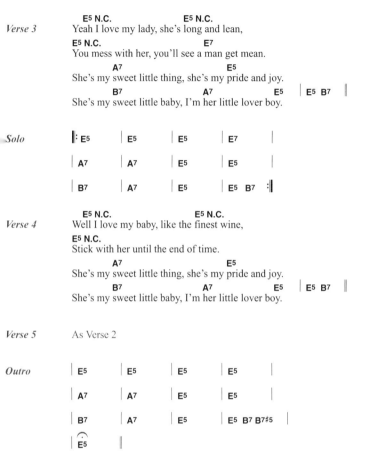

Solo

E5	E5	E5	E7	
A7	A7	E5	E5	
B7	A7	E5	E5 B7 :‖

Verse 4

E5 N.C.   E5 N.C.
Well I love my baby, like the finest wine,

E5 N.C.
Stick with her until the end of time.

         A7   E5
She's my sweet little thing, she's my pride and joy.

         B7   A7   E5 | E5 B7 ‖
She's my sweet little baby, I'm her little lover boy.

Verse 5   As Verse 2

Outro

E5	E5	E5	E5	
A7	A7	E5	E5	
B7	A7	E5	E5 B7 B7♯5	
E5	‖

Reconsider Baby

Words & Music by Lowell Fulson

Intro

| G7 | C9 | G7 | G7 |
| C9 | C9 | G7 | G7 |
| D7 | C9 | G7 C9 | G7 D7 ‖

Verse 1

    G7   C9   G7
So long, oh how I hate to see you go.
    C9   G7
So long, oh how I hate to see you go.
    D7   C9
And the way that I will miss you,
                G7 | G7 ‖
I guess you will never know.

Verse 2

           G7   C9   G7
We've been together so long, to have to separate this way.
           C9   G7
We've been together so long, to have to separate this way.
        D7   C9
I'm gonna let you go ahead on baby,
                         G7 | G7 ‖
Pray that you'll come back home some day.

Instrumental ‖: As Intro :‖

Verse 3

           G⁷   **C⁹**
You said you once had loved me,

                             G⁷
But now I guess you have changed your mind.

           C⁹
You said you once had loved me,

                             G⁷
But now I guess you have changed your mind.

          D⁷   **C⁹**
Why don't you reconsider baby.

                     G⁷ | **G⁷** **A♭⁷** **G⁷** ‖
Give yourself just a little more time.

Rock Me Baby

Words & Music by B.B. King & Joe Josea

Intro

C	C	C	C
F7	F7	C	C
G7	F7	C	G7

Verse 1

C
Rock me baby, rock me all night long.
F7   C
Rock me baby, honey, rock me all night long.
G7   F7   C   G7
I want you to rock me baby   like my back ain't got no bone.

Verse 2

C
Roll me baby like you roll a wagon wheel.
F7   C
I want you to roll me baby like you roll   a wagon wheel.
G7   F7   C
Want you to roll me baby,   you don't know how it makes me fe

Guitar solo

C	C	C	C
F7	F7	C	C
G7	F7	C	G7

Verse 3

C
    Rock me baby, honey, rock me slow.

F7   C
    Yeah, rock me pretty baby,   baby, rock me slow.

G7   F7   C   G7
    Want you to rock me baby   till I   want no more.

Outro

| C | C | C | C | |
| F7 | F7 | C | C | *To fade* |

See That My Grave Is Kept Clea

Words & Music by Blind Lemon Jefferson

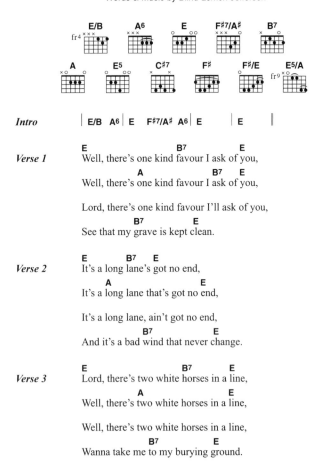

Intro | E/B A6 | E   F#7/A# A6 | E | E   ‖

Verse 1

E   B7   E
Well, there's one kind favour I ask of you,

                     A   B7   E
Well, there's one kind favour I ask of you,

Lord, there's one kind favour I'll ask of you,

            B7   E
See that my grave is kept clean.

Verse 2

E   B7   E
It's a long lane's got no end,

         A   E
It's a long lane that's got no end,

It's a long lane, ain't got no end,

            B7   E
And it's a bad wind that never change.

Verse 3

E   B7   E
Lord, there's two white horses in a line,

         A   E
Well, there's two white horses in a line,

Well, there's two white horses in a line,

            B7   E
Wanna take me to my burying ground.

Verse 4

E   B7   E

My heart's stopped beating and my hands got cold,

   A   E

My heart's stopped beating and my hands got cold,

Well, my heart stopped beating, Lord, my hands turned cold,

        B7   E

It was Lord, what the bible told.

Verse 5

E   B7   E

Have you ever heard that coffin sound?

        A   E

Have you ever heard that coffin sound?

Have you ever hear that coffin sound,

                B7   E

Didn't you know another poor boy is in the ground?

Verse 6

E   B7   E

Oh, dig my grave with a silver spade,

     A   E

Well, dig my grave with a silver spade,

Well, dig my grave with a silver spade,

        B7   E

You may lead me down with a golden chain.

Verse 7

E   B7   E   E5

Have you ever heard a church bell tone?

        A   E   E5

Have you ever heard a church bell tone?

Have you ever heard a church bell tone,

        B7   (E5)

Did you know that the poor boy's dead and gone?

| E C#7 F# | F#/E E5/A ‖

Shake It And Break It
(But Don't Let It Fall Mama)

Words & Music by Charley Patton

F   C7   Gm   C7/E

Intro　　| F　　| C7　| F　　| C7　　|

　　　　　　| F　　| C7　| F　　| Gm　F |

　　　　　　| C7/E　F | C7　| F　　| C7　　|

　　　　　　| F　　| C7　| F　　| Gm　F | C7/E　F ‖

Chorus 1

C7
You can shake it, you can break it, you can hang it on the wall,
F
Throw it out the window, catch it 'fore it fall.
　　　　C7
You can　shake it, you can break it, you can hang it on the wall
F
It out the window, catch it 'fore it falls?
　　Gm　　　F　　　C7/E　　　　　F
My jelly, my roll, sweet mama, don't let it fall.

Verse 1

C7　　　　　　　　　　　　F
Ev'rybody have a jelly roll like mine, I lives in town,
　C7　　　　　　　　F
I,　ain't got no brown, I, and I want it now.
　　Gm　　　F　　　C7/E　　　　　F
My jelly, my roll, sweet mama, don't let it fall.

Chorus 2

　　　　　　C7
You can snatch it, you can grab it, you can break it,
　　　　　　　　F
You can twist it any way that I love to get it.
　C7　　　　　　　　　F
I,　had my right mind since I, I blowed this town.
　　Gm　　　F　　　C7/E　　　　　F
My jelly, my roll, sweet mama, don't let it fall.

Chorus 3   As Chorus 1

        C7   F
Verse 2   I ain't got nobody here but me and myself,

        C7   F
        I,   stay blue all the time, aw, when the sun goes down.

             Gm   F   C7/E   F
        My jelly, my roll, sweet mama, don't let it fall.

Chorus 4   As Chorus 1

               C7
Chorus 5   You can snatch it, you can grab it,

        You can break it, you can twist it,

        F
        Any way that I love to get it.

        C7   F
        I, had my right mind, I,   be worried sometime.

             Gm   F   C7/E   F
        'Bout a jelly, my roll, sweet mama, don't let it fall.

Chorus 6   As Chorus 1

        C7   F
Verse 3   I know I been to town, I, I walked around,

        C7   F
        I, start leavin' town, I,   I fool around.

             Gm   F   C7/E   F
        My jelly, my roll, sweet mama don't let it fall.

Chorus 7   As Chorus 1

        C7
Outro   Jus' shake it, you can break it, you can hang it on the wall,

        F
        It out the window, catch it 'fore it falls?

             Gm   F   C7/E   F
        My jelly, my roll, sweet mama, don't let it.

Shake Your Hips

Words & Music by James Moore

Intro	A5	A5	A5	A5	
w/riff 1 *(ad lib.)*	A5	A5	A5	A5	

Verse 1

(A5) riff 1 *(repeated ad lib.)*
I wanna tell you 'bout a dance that's goin' around,

Everybody's doin' it from the grown-ups down.

Don't move your head, don't move your hands,

Don't move your lips, just shake your hips.

Do the hip shake, babe,

Do the hip shake, babe.

Shake your hip, babe,

Shake your hip, babe.

Verse 1

(A5) riff 1 *(repeated ad lib.)*
What you don't know don't be afraid,

Just listen to me and do what I say.

Don't move your head, don't move your hands,

Don't move your lips, just shake your hips.

Do the hip shake, babe,

Do the hip shake, babe.

Shake your hip, babe,

Shake your hip, babe.

Well ain't that easy.

Guitar solo   ‖: **A5** | **A5** | **A5** | **A5**   :‖

Verse 3

(A5) riff 1 *(repeated ad lib.)*
Well, I met a little girl in a country town,

She said, "What do you know, there's Slim Harpo!"

Didn't move her head, didn't move her hands,

Didn't move her lips, just shook her hips.

Do the hip shake, babe,

Do the hip shake, babe.

Shake your hip, babe,

Shake your hip, babe.

Well ain't that easy.

Outro
w/riff 1 *(ad lib.)*   ‖: **A5** | **A5** | **A5** | **A5**   :‖   *Play 5 times to fade*

Sittin' On Top Of The World

Words & Music by Bo Carter & Walter Jacobs

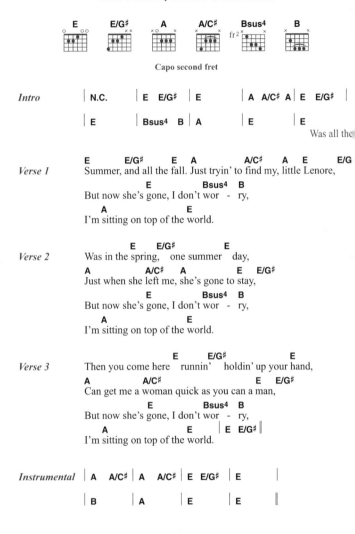

Capo second fret

Intro
| N.C. | E E/G♯ | E | A A/C♯ A E E/G♯ |
| E | Bsus⁴ B | A | E | E |

Was all the

Verse 1

E   E/G♯   E   A   A/C♯   A   E   E/G
Summer, and all the fall. Just tryin' to find my, little Lenore,

                E   Bsus⁴ B
But now she's gone, I don't wor - ry,

   A   E
I'm sitting on top of the world.

Verse 2

               E   E/G♯   E
Was in the spring,   one summer   day,

   A   A/C♯   A   E   E/G♯
Just when she left me, she's gone to stay,

                E   Bsus⁴ B
But now she's gone, I don't wor - ry,

   A   E
I'm sitting on top of the world.

Verse 3

                 E   E/G♯   E
Then you come here runnin' holdin' up your hand,

   A   A/C♯   E   E/G♯
Can get me a woman quick as you can a man,

                E   Bsus⁴ B
But now she's gone, I don't wor - ry,

   A   E | E E/G♯ ‖
I'm sitting on top of the world.

Instrumental
| A A/C♯ | A A/C♯ | E E/G♯ | E | |
| B | A | E | E ‖ |

Verse 4

                E   E/G♯   E
It have been days   I didn't know your name,

                 A   A/C♯   A   E   E/G♯
Why should I worry   and prayer in vain?

                E   Bsus4   B
But now she's gone, I don't wor - ry,

      A   E
I'm sitting on top of the world.

Verse 5

               E   E/G♯   E
Going to the   station,   down in the yard,

A   A/C♯   A
Going get me a freight train,

                 E   E/G♯
Worked some, got hard.

                E   Bsus4   B
But now she's gone, I don't wor - ry,

      A   E
I'm sitting on top of the world.

Verse 6

               E   E/G♯   E
The lonesome days,   they have gone by,

A   A/C♯   A   E   E/G♯
Why should you beg me and say good - bye?

                E   Bsus4   B
But now she's gone, I don't wor - ry,

      A   E
I'm sitting on top of the world.

Smokestack Lightning

Words & Music by Chester Burnette

E

Intro | E | E | E | E | E | E ‖

E

Verse 1   Ah-oh, smokestack lightnin,

Shinin', just like gold,

Why don't ya hear me cryin'?

A-whoo-hoo, whoo,

Whoo.

E

Verse 2   Whoa-oh, tell me, baby,

What's the, matter with you?

Why don't ya hear me cryin'?

Whoo-hooo, whoo-hoo,

Whoo.

Harmonica | E | E | E | E | E | E ‖
solo

Verse 3

E

    Whoa-oh, tell me, baby,

Where did ya stay last night?

A-why don't ya hear me cryin'?

Whoo-hoo, whoo-hoo,

Whoo.

Verse 4

E

    Whoa-oh, stop your train,

Let her go for a ride.

Why don't ya hear me cryin'?

Whoo-hoo, whoo-hoo,

Whoo.

Harmonica solo 2

| E | E | E | E | E | E | ‖

Verse 5

E

    Whoa-oh, fare ya well.

Never see, a-you no more.

A-why don't ya hear me cryin'?

Whoo-hoo, whoo-hoo,

Whoo.

Verse 6

E

    Whoa-oh, who been here baby since,

I-I been gone, a little, bitty boy?

Girl, be on.

A-whoo-hoo, whoo-hoo,

Whoo.　*To fade*

Smoking Gun

Words & Music by Robert Cray, David Amy & Richard Cousins

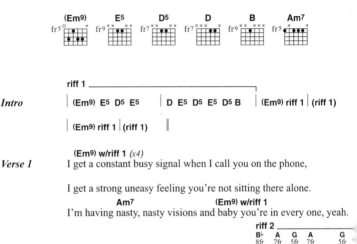

Intro

| (Em9) E5 D5 E5 | D E5 D5 E5 D5 B | (Em9) riff 1 | (riff 1) |

| (Em9) riff 1 | (riff 1) ‖

Verse 1

(Em9) w/riff 1 *(x4)*
I get a constant busy signal when I call you on the phone,

I get a strong uneasy feeling you're not sitting there alone.

       Am7   **(Em9) w/riff 1**
I'm having nasty, nasty visions and baby you're in every one, yeah.

      Am7
And I'm so afraid I'm gonna find you with a so-called smok - in' gun

Link 1

| (Em9) riff 1 | (riff 1) | riff 1 | (riff 1) ‖

Verse 2

(Em9) w/riff 1 *(x4)*
Maybe you want to end it, you've had your fill of my kind of fun,

But you don't know how to tell me and you know that I'm not that d...

   Am7   **(Em9) w/riff 1**
I put 2 and 1 together and you know that's not an even sum,

   Am7   **w/riff 2**
And I know just where to catch you with that well-known smokin' g...

‍ | ‖: (Em9) w/riff 1 | (riff 1) | riff 1 | (riff 1) |

| riff 1 | (riff 1) | riff 1 | (riff 1) |

| riff 1 | (riff 1) | riff 1 | (riff 1) |

| Am7 | Am7 | (Em9) w/riff 1 | (riff 1) |

| Am7 | Am7 | riff 2 :‖

| (Em9) w/riff 1 | (riff 1) | riff 1 | (riff 1) ‖

(Em9) w/riff 1 *(x4)*

se 3 I'm standing here bewildered, I can't remember just what I've done,

I can hear the sirens whining, my eyes blinded by the sun.

Am7   **(Em9) w/riff 1**
I know that I should be running, my heart's beating just like a drum.

           Am7
Now they've knocked me down and taken it,

w/riff 2   **(Em9) w/riff 1** | **(riff 1)** ‖
That still hot and smokin' gun.

           w/riff 1
ro ‖: Yeah, still hot smokin' gun, they've taken it.

Still hot smokin' gun oh, they've taken it.

Still hot smokin' gun, knocked me down, taken it.   :‖ *Repeat to fade*
                                                                                    w/vox + Gtr. ad lib.

151

So Many Roads, So Many Trains

Words & Music by Marshall Paul

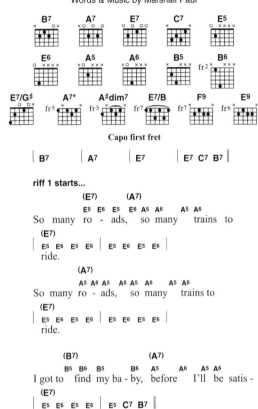

Capo first fret

Intro | B7 | A7 | E7 | E7 C7 B7 ‖

riff 1 starts...

                (E7)   (A7)
              E5 E6 E5 E6 A5 A6   A5 A6
Verse 1   So many ro - ads, so many   trains to
            (E7)
            | E5 E6 E5 E6 | E5 E6 E5 E6 |
            ride.

                (A7)
              A5 A6 A5 A6 A5 A6   A5 A6
            So many ro - ads, so many   trains to
            (E7)
            | E5 E6 E5 E6 | E5 E6 E5 E6 |
            ride.

                (B7)   (A7)
              B5 B6 B5   B6   A5   A6   A5 A6
            I got to find my ba - by, before   I'll be satis -
            (E7)
            | E5 E6 E5 E6 | E5 C7 B7 ‖
            - fied.   **riff 1 ends...**

erse 2

       (E7)w/riff 1   **A7**   **E7**
Well, I was standing at my window, when I heard that whistle blow.

A7   **E7**
Oh, I was standing at my window, when I heard that whistle blow.

      B7   **A7**   **E7** **C7** **B7** ‖
Yes it sounded like a straight-line, oh but it was a P&O.

olo

| **E7**w/riff 1 | **A7** | **E7** | **E7** | |
| **A7** | **A7** | **E7** | **E7** | |
| **B7** | **A7** | **E7** | **E7** **B7** ‖

erse 3

       (E7)w/riff 1   **A7**   **E7**
It was a mean old fireman and a cruel old engin - eer.

A7   **E7**
Oh, a mean old fireman and a cruel old engin - eer.

     B7   **A7 N.C.**
Yeah, it's taken my baby   yeah it's left me standing

E7 **E7/G♯** **A7*** **A♯dim7** | **E7/B** **F9** **E9** ‖
here.

153

Stack O' Lee Blues

Traditional
Arranged by John Hurt

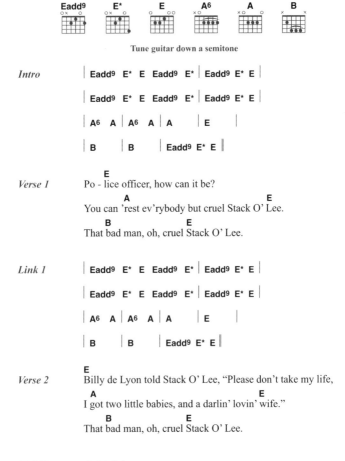

Eadd9   E*   E   A6   A   B

Tune guitar down a semitone

Intro
| Eadd9 E* E Eadd9 E* | Eadd9 E* E |

| Eadd9 E* E Eadd9 E* | Eadd9 E* E |

| A6 A | A6 A | A | E | |

| B | B | Eadd9 E* E ‖

Verse 1

       E
Po - lice officer, how can it be?
       A   E
You can 'rest ev'rybody but cruel Stack O' Lee.
      B   E
That bad man, oh, cruel Stack O' Lee.

Link 1
| Eadd9 E* E Eadd9 E* | Eadd9 E* E |

| Eadd9 E* E Eadd9 E* | Eadd9 E* E |

| A6 A | A6 A | A | E | |

| B | B | Eadd9 E* E ‖

Verse 2

   E
Billy de Lyon told Stack O' Lee, "Please don't take my life,
   A   E
I got two little babies, and a darlin' lovin' wife."
      B   E
That bad man, oh, cruel Stack O' Lee.

Link 2   As Link 1

Verse 3

E
"What I care about your two little babies, your darlin' lovin' wife?

A   E
You done stole my Stetson hat, I'm bound to take your life."

B   E
That bad man, oh cruel Stack O' Lee.

Link 3
w/vocal ad lib.

‖: Eadd9 E* E Eadd9 E*| Eadd9 E* E |

| Eadd9 E* E Eadd9 E*| Eadd9 E* E |

| A6 A | A6 A A | E |

| B | B | Eadd9 E* E | E   :‖

Verse 4

(E)
Boom boom, boom boom, with the forty-four,

A   E
When I spied Billy de Lyon, he was lyin' down on the floor

B   E
That bad man, oh cruel Stack O' Lee.

Link 4   As Link 1

Verse 5

E
"Gentleman's of the jury, what do you think of that?

A   E
Stack O' Lee killed Billy de Lyon about a five-dollar Stetson hat."

B   E
That bad man, oh cruel Stack O' Lee.

Link 5   As Link 1

Verse 6

E
Standin' on the gallows, head way up high,

A   E
At twelve o'clock they killed him, they's all glad to see him die.

B   E
That bad man, oh, cruel Stack O' Lee.

Outro   As Link 1

Statesboro Blues

Words & Music by Willie McTell

C   G   C7   F   G7

Capo first fret

Intro | C | C | C | C   ‖

Verse 1
C   G   C | C7 |
Wake up mama, turn your lamp down low.
F   C
Wake up mama, turn your lamp down low.
                              G7   C | C7   ‖
Have you got the nerve to drive Papa McTell from your door?

Verse 2
        C   G   C | C7 |
My mother died and left me reckless,

My daddy died and left me wild, wild, wild.
            F
Mother died and left me reckless,
                      C
Daddy died and left me wild, wild, wild.
                              G7   C | C
No, I'm not good lookin', but I'm some sweet woman's angel child.

Verse 3
        C
She's a mighty mean woman, to do me this a-way.
        F   C
She's a mighty mean woman, to do me this a-way.
                              G7   C | C7   ‖
When I leave this town, pretty mama, going away to stay.

      C   **C7**
I once loved a woman, better than I'd ever seen.

      F   **C**
I once loved a woman, better than I'd ever seen.

                       G7   **C** | **C7**
Treat me like I was a king and she was a doggone queen.

      C
Sis - ter, tell your brother, brother tell your auntie, auntie, tell your uncle,

                       C7
Uncle tell my cousin, cousin tell my friend,

F   **C**
Goin' up the country, Mama, don't you want to go?

                     G7   **C** | **C7**
May take me a fair brown, may take me one or two more.

      C
Big Eighty left Savannah, Lord, and did not stop,

You ought to saw that coloured fireman when he got that boiler hot.

F
You can reach over in the corner mama,

                     C
And hand me my travelin' shoes.

                  G7   **C** | **C7**
You know by that, I got them Statesboro' blues.

          C   **C7**
Mama, sis - ter got 'em, dad - dy got 'em,

Brother got 'em, friend got 'em, I got 'em,

      F   **C**
I woke up this morning, we had them Statesboro' blues.

I looked over in the corner,

               C7   **C** | **C** | **G7** | **C** **C7**
Grandma and grandpa had 'em too.

Susie Q

Words & Music by Dale Hawkins, Stan Lewis & Eleanor Broadwater

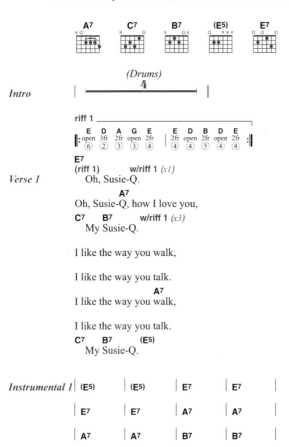

Intro

(Drums)

riff 1

Verse 1

E7
(riff 1)   w/riff 1 *(x1)*
    Oh, Susie-Q.

          A7
Oh, Susie-Q, how I love you,

C7   B7   w/riff 1 *(x3)*
    My Susie-Q.

I like the way you walk,

I like the way you talk.

                    A7
I like the way you walk,

I like the way you talk.

C7   B7   (E5)
    My Susie-Q.

Instrumental 1

(E5)	(E5)	E7	E7	
A7	A7	A7	A7	
A7	A7	B7	B7	
(E5)	(E5)	E7 w/riff 1	(riff 1)	

E7 w/riff 1 *(x2)*

Verse 2   Oh, Susie-Q.

Oh, Susie-Q.
         A7
Oh, Susie-Q.

Baby, how I love you,
C7   **B7 w/riff 1** *(x3)*
  My Susie-Q.

Well, say that you'll be true,

Well, say that you'll be true,
                      A7
Well, say that you'll be true,

And never leave me blue.
C7   **B7**   **(E5)**
  My Susie-Q.

Instrumental 2 | **(E5)** | **(E5)** | **E7** | **E7** |

| **E7** | **E7** | **A7** | **A7** |

| **A7** | **A7** | **B7** | **B7** |

| **(E5)**   ‖

                (E5)   **E7 w/riff 1** *(x2)*
Verse 3   Oh, Susie-Q,

Oh, Susie-Q,
         A7
Oh, Susie-Q,

How I love you,
C7   **B7**
  My Susie-Q.

Outro   ‖: **E7 w/riff 1** | **(riff 1)**   :‖   *Repeat to fade w/ad lib. guitar*

159

Sweet Home Chicago

Words & Music by Robert Johnson

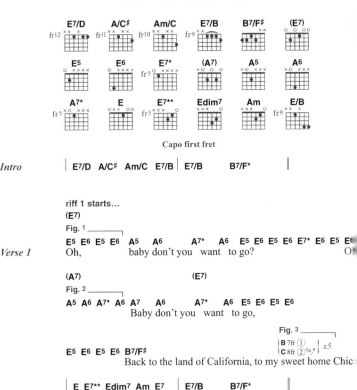

Capo first fret

Intro

| E7/D A/C♯ Am/C E7/B | E7/B   B7/F* ‖

riff 1 starts…

(E7)

Fig. 1 _____

E5 E6 E5 E6   A5   A6   A7*   A6   E5 E6 E5 E6 E7* E6 E5 E6

Verse 1   Oh,   baby don't you   want to go?   O

(A7)   (E7)

Fig. 2 _____

A5 A6 A7* A6 A7   A6   A7*   A6 E5 E6 E5 E6

          Baby don't you   want to go,

                                                    Fig. 3 _____

                                                    {B 7fr ①   }
                                                    {C 8fr ②¼↗ } x5

E5 E6 E5 E6 B7/F♯

          Back to the land of California, to my sweet home Chic

| E E7** Edim7 Am E7 | E7/B   B7/F* ‖

                          …riff 1 ends

(E7) (B7)

    w/riff 1   **(E7)**

Verse 2   Oh, baby don't you want to go?

(A7)   **(E7)**

Oh baby don't you want to go,

        B7/F♯   **w/fig. 3**

Back to the land of California, to my sweet home Chicago?

| E E7** Edim7 Am E7 | E7/B   B7/F*   ‖

riff 2 starts…

    (E7)

    w/fig. 1*(x4)*

Verse 3   Now, one and one is two. Two and two is four.

I'm heavy loaded baby, I'm booked, I gotta go.

      (A7)   **(A7)**

    w/fig. 2*(x2)*   **w/fig. 1***(x2)*

Cryin' baby, honey don't you want to go,

        B7/F♯   **w/fig. 3**

Back to the land of California, to my sweet home Chicago?

| E E7** Edim7 Am E | E   B7/F♯   ‖

                     …**riff 2 ends**

    w/riff 1

Verse 4   Now, two and two is four, four and two is six.

You goin' keep on monkeyin' round here friend-boy,

Goin' get your business all in a trick.

      (A7)   **E7**

But I'm cryin' baby, honey don't you want to go,

      B7/F♯   **w/fig. 3**

Back to the land of California, to my sweet home Chicago?

| E E7** Edim7 Am E7 | E   B7/F♯   ‖

(E7)
w/riff 1

Verse 5   Now, six and two is eight, and eight and two is ten.

Friend-boy, she trick you one time, she sure gon' to do it again.

        (A7)   **(B7)**
But I'm cryin' hey, hey, baby don't you want to go,

           w/riff 3
To the land of California, to my sweet home Chicago?

| E E7** Edim7 Am E7 | E   B7/F♯ ‖

(E7)
w/fig.1(x4)

Verse 6   I'm goin' to California, from there to Des Moines, I 'way.

Somebody will tell me that you need my help someday.

      (E7)   **(E7)**
      w/fig.2(x2)   **w/fig.1**(x2)
Cryin', hey, hey, baby don't you want to go,

      B7/F*   **w/fig.3**
Back to the land of California, to my sweet home Chicago?

| E/B | E7/D A/C♯ Am/C | E/B   E7/B ‖

Tattoo'd Lady

Words & Music by Rory Gallagher

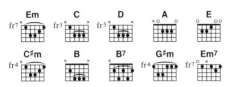

Em	C	D	A	E	
fr7	fr3	fr5			
C♯m	B	B7	G♯m	Em7	
fr4			fr4	fr7	

Intro | *Sound fx* ‖

Verse 1
Em   C   D   Em
Tattoo'd lady,   bearded baby, they're my fami - ly.
                   C   D   Em
When I was lonely,   something told me, where I could always be.

Where I could push the penny,
C   D   Em
If you got any, you'll meet me down, the shooting galle - ry.

I'm a fairground baby,
C   D   Em
    Wonder what made me fall for the Pearly Queen.

Chorus 1
         A   E
Well I spent my youth, under a canvas roof,
                  C♯m   B   E
As I roamed from town to town.
         A   E
I'm not foolin', when I say I got no schooling,
C♯m   B7
Never got the class bell sound.
A   C♯m
    From the caravan, I can hear the fairground band,
G♯m   B
Sounding good as they can be.
         A   C♯m
You know I can't be found, but if you look around,
G♯m   B
Tomorrow we'll be gone by dawn.

Instrumental	‖: Em	C	D	Em	:‖
	A	E	E C♯m B	E	
	A	E	C♯m	B7	
	‖: A	C♯m	G♯m	B	:‖

Verse 2

       Em
I hear it on the loudspeaker say,

C   **D**   **Em**
The fire eater is a real fine sight to see,

                  C
Yeah, he's a death cheater, some kind of central heater,

     D   **Em**
Be sure to save a seat for me.

        Em   **C**
Let me tell you about wicked Sadie, she's no baby,

  D   **Em**
The law came, and tried to close her sideshow down.

But soon she had the D.A. cheering,

C   **D**   **Em**
  The police chief wearing, her garter for a crown.

Chorus 2

   A   **E**
Well I spent my youth, under a canvas roof,

         C♯m   **B** **E**
As I roamed from town to town.

 A   **E**
I'm not foolin', when I say I got no schooling,

C♯m   **B7**
Never got the class bell sound.

A   **C♯m**
  From inside the caravan, I can hear the fairground band,

G♯m   **B**
Sounding good as they can be.

    A   **C♯m**
You know I can't be found, but if you look around,

   G♯m   **B**
To - morrow I'll be gone by dawn.

Verse 3

Em   C   D   Em
Tattoo'd lady, bearded baby, they're my family.

                      C
When I was lonely,   something told me,

        D   Em
Where I could always be.

Where I could push the penny,

C   D   Em
If we had any, you'd meet me down the shooting gallery.

Tattoo'd lady!

Outro

‖: Em | C | D | Em   :‖ *Play 5 times*

| Em N.C. | C N.C. | D N.C. | Em7   ‖

Tain't Nobody's
Biz-Ness If I Do

Words & Music by Porter Grainger & Everett Robbins

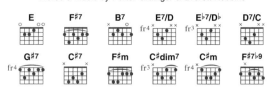

Tune guitar down a semitone and slightly flat

Intro | E   F#7 B7 | E E7/D Eb7/Db D7/C | E B7 E B7 |

| E | F#7 B7 ||

Verse

E   G#7   C#7   G#7
There ain't nothing I can do   or nothing I can say

C#7   F#m C#7
   That folks don't criti - cise   me,

F#m   C#7   F#7
   But I'm goin' to   do just as I want to anyway

                                 C#dim7 B7
And don't care if they all des - pise   me.

Chorus 1

E   G#7   C#m   F#7b9
   If I   should take a notion   to jump in   to the ocean,

E   F#7 B7   E   C#7 F#7 B7
'T ain't no - bo - dy's   business if I do, do, do, do.

E   G#7   C#m   F#7b9
If I go to church on Sunday   then just shimmy   down on Mor

E   F#7 B7   E   E7/D Eb7/Db D7/C E B
'T ain't no - bo - dy's   business if I do,   if I   do.

E   **G#7**   **C#m**   **F#7b9**
If my friend ain't   got no money   and I say, "Take all mine, honey."

E   **F#7 B7**   **E C#7 F#7 B7**
'T ain't no - bo - dy's business if I do, do, do, do.

E   **G#7**   **C#m**   **F#7b9**
If I give him my   last nickel   and it leaves   me in a pickle,

E   **F#7 B7**   **E E7/D Eb7/Db D7/C E B7**
'T ain't no - bo - dy's business if I do,   if I   do.

E   **G#7**
Yeah, I'd rather my   man would hit me

C#m   **F#7b9**
Than to jump right   up and quit me,

E   **F#7 B7**   **E C#7 F#7 B7**
'T ain't no - bo - dy's business if I do, do, do, do.

E   **G#7**   **C#m**   **F#7b9**
I swear I won't   call no copper   if I'm beat up   by my poppa,

E   **F#7 B7**   **E E7/D Eb7/Db D7/C E B7 E**
'T ain't no - bo - dy's business if I do,   if I do.

That's All Right Mama

Words & Music by Arthur Crudup

Tune guitar slightly flat

* Implied harmony throughout

Intro | *B♭ | B♭7 | E♭ E♭7 | E♭ E♭7 | B♭ E♭ | B♭ |

Verse 1
            B♭
Well now, that's all right now mama, that's all right for you,
                         B♭7
That's all right mama, anyway you do.
           E♭   **E♭7**   **E♭**   **E♭7**
But that's all right,   that's all right,
       F7   **B♭ E♭** | **B♭ F7** ‖
That's all right now mama, anyway you do.

Verse 2
           B♭ N.C.   **B♭ N.C.**
Well my Mama she done told me, Papa told me too,
     B♭ N.C.   **B♭7**
The   life you're living, son, now wo - men be the death of you
           E♭   **E♭7**   **E♭**   **E♭7**
But that's all right,   that's all right,
       F7   **B♭ E♭** | **B♭ F7** ‖
That's all right now Mama, anyway you do.

Instrumental 1 | B♭ | B♭ | B♭ | B♭7 |

        | E♭ E♭7 | E♭ E♭7 | B♭ E♭ | B♭ F7 ‖

      B♭ N.C.   **B♭ N.C.**
Baby, one and one is two, two and two is four,
    B♭ N.C.   **B♭7**
I love that woman but I got to let her go.
        E♭ **E♭7**   **E♭** **E♭7**
That's all right,   that's all right,
      F7   **B♭ E♭** | **B♭ F7** ‖
That's all right now Mama, anyway you do.

      B♭ N.C.   **B♭ N.C.**
Babe, now if you don't want me, why not tell me so,
    B♭ N.C.   **B♭7**
You won't be bothered with me round your house no more.
        E♭ **E♭7**   **E♭** **E♭7**
That's all right,   that's all right,
      F7   **B♭ E♭** | **B♭ F7** ‖
That's all right now Mama, anyway you do.

strumental 2 As Instrumental 1

utro

| **B♭** | **B♭** | **B♭** | |
De cra de de de de. De de de de.   De de de de.

| **B♭** | **B♭** | **B♭** | |
De de de de.   De de de de.   De de de. Now that's all

| **E♭**   **E♭7** | **E♭** **B♭** | **F7** | |
right   That's all right   That's all right now mama,

| **F7** | **B♭** | **B♭** | ‖
any way you   do.

The Things That I Used To Do

Words & Music by Eddie Jones

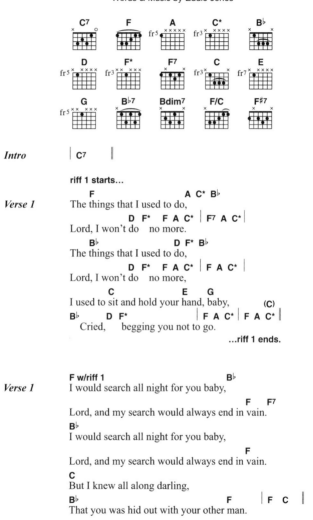

Intro | C7   ‖

riff 1 starts...

Verse 1
       F   A C* B♭
The things that I used to do,
           D F*   F A C* | F7 A C* |
Lord, I won't do no more.
       B♭   D F* B♭
The things that I used to do,
         D F*   F A C* | F A C* |
Lord, I won't do no more,
        C   E   G
I used to sit and hold your hand, baby,   **(C)**
B♭   D F* | F A C* | F A C* ‖
  Cried,   begging you not to go.

                                    ...riff 1 ends.

F w/riff 1   B♭

Verse 1
I would search all night for you baby,
                                     F   F7
Lord, and my search would always end in vain.
B♭
I would search all night for you baby,
                                  F
Lord, and my search would always end in vain.
C
But I knew all along darling,
B♭   F | F C ‖
That you was hid out with your other man.

(F)w/riff 1	B♭		F		F7	
B♭		B♭		F		F
C		B♭		F	

Verse 3

                                   F w/riff 1
I'm going to send you back to your mother, baby,
      B♭   **F**
Lord, and I'm going back to my family too.
F7   **B♭**
  I'm going to send you back to your mother, baby,
                          F
Lord, and I'm going back to my family too.
     C
'Cause nothing I do that please you baby,
B♭   **F B♭7 Bdim7** | **F/C F♯7 F7**
  Lord, I just can't get along with you.

The Thrill Is Gone

Words & Music by Roy Hawkins & Rick Darnell

Bm   Em   Gmaj7   F#7

Intro | (Drums) ‖

Bm	Bm	Bm	Bm	
Em	Em	Bm	Bm	
Gmaj7	F#7	Bm	Bm ‖

Verse 1

Bm
The thrill is gone, the thrill is gone away.
    Em   Bm
The thrill is gone baby, the thrill is gone a - way.
Gmaj7   F#7   Bm | B
You know you done me wrong,   baby, and you'll be sorry someday.

Verse 2

Bm
The thrill is gone, it's gone away from me.
    Em   Bm
The thrill is gone baby, the thrill is gone away from me.
Gmaj7   F#7   Bm | Bm ‖
Although, I'll still live on, but so lonely I'll be.

Solo 1

Bm	Bm	Bm	Bm	
Em	Em	Bm	Bm	
Gmaj7	F#7	Bm	Bm ‖

Verse 3

      Bm
The thrill is gone, it's gone away for good.

      Em   **Bm**
Oh, the thrill is gone baby, it's gone away for good.

Gmaj7   **F♯7**
Someday I know I'll be holding on,   baby,

         Bm | **Bm** ‖
Just like I know a good man should.

Verse 4

      Bm
You know I'm free, free now baby, I'm free from your spell.

      Em   **Bm**
Oh, I'm free, free, free now, I'm free from your spell.

       Gmaj7   **F♯7**   **Bm** | **Bm** ‖
And now that it's all   over, All I can do is wish you well.

Solo 2   As Solo 1

Outro   ‖: **Bm** | **Bm**   :‖   *Repeat to fade*

Tuff Enuff

Words & Music by Kim Wilson

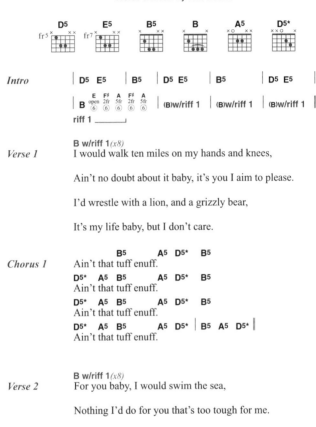

Intro

| D5 E5 | B5 | D5 E5 | B5 | D5 E5 |

| B (E F# A F# A) | (B)w/riff 1 | (B)w/riff 1 | (B)w/riff 1 |

riff 1 _____

Verse 1

B w/riff 1 *(x8)*
I would walk ten miles on my hands and knees,

Ain't no doubt about it baby, it's you I aim to please.

I'd wrestle with a lion, and a grizzly bear,

It's my life baby, but I don't care.

Chorus 1

          B5   **A5 D5*** **B5**
Ain't that tuff enuff.

D5* **A5 B5**   **A5 D5*** **B5**
Ain't that tuff enuff.

D5* **A5 B5**   **A5 D5*** **B5**
Ain't that tuff enuff.

D5* **A5 B5**   **A5 D5*** | **B5 A5 D5*** ‖
Ain't that tuff enuff.

Verse 2

B w/riff 1 *(x8)*
For you baby, I would swim the sea,

Nothing I'd do for you that's too tough for me.

I'd put out a burning building with a shovel and dirt,

And not even worry about getting hurt.

Chorus 2   As Chorus 1

Link 1 | D5 | D5 | B5 | B5 |
           | D5 | D5   E5 | B5 | B5   ‖

Verse 3   **B w/riff 1** *(x8)*
I'd work twenty-four hours, seven days a week,

Just so I could come home and kiss your cheek.

I love you in the morning, and I love you at noon,

I love you in the night, and take you to the moon.

Chorus 3   As Chorus 1

Verse 4   **B w/riff 1** *(x8)*
I'd lay in a pile of burning money that I've earned,

And not even worry about getting burned.

I'd climb the Empire State, fight Muhammad Ali,

Just to have you baby, close to me.

Link 2   As Link 1

Chorus 4   As Chorus 1

Chorus 5   ‖: **D5**
Ain't that tuff enuff.

Ain't that tuff enuff. :‖   *Repeat to fade*

Wang Dang Doodle

Words & Music by Willie Dixon

Tune guitar down a semitone

Intro

riff 1_____
(Em)   (Em)
E   A   B   D   B │ E   D   E   G   E   D   E
12fr 12fr 14fr 12fr 14fr│ 14fr 12fr 12fr 10fr 12fr 10fr 12fr
⑥   ⑤   ⑤   ④   ⑤ │ ④   ④   ⑥   ⑤   ⑥   ⑥   ⑥

w/riff 1_____

│ (Em)   │ (Em)   ‖

Verse 1

(Em)w/riff 1 *(x8)*
Tell Automatic Slim, tell Razor Totin' Jim,

Tell Butcher Knife Totin' Annie, tell Fast Talking Fanny.

We gonna pitch a ball, a down to that union hall,

We gonna romp and tromp till midnight,

We gonna fuss and fight till daylight.

Chorus 1

(Em)w/riff 1 *(x8)*
We gonna pitch a wang dang doodle all night long.

All night long, all night long, all night long, all night long.

We gonna pitch a wang dang doodle all night long.

Verse 2

(Em)w/riff 1 *(x8)*

Tell Kudu-Crawlin' Red, tell Abyssinian Ned,

Tell old Pistol Pete, tell everybody he meet.

Tonight we need no rest, we really gonna throw a mess,

We gonna to knock down all of the windows,

We gonna kick down all the doors.

Chorus 2   As Chorus 1

Solo

w/riff 1

‖: Em | Em   :‖ *Play 8 times*

Verse 3

(Em)w/riff 1 *(x8)*

Tell Fats and Washboard Sam, that everybody gonna to jam,

Tell Shaky and Boxcar Joe, we got sawdust on the floor.

Tell Peg and Caroline Dye, we gonna have a heck of a time,

When the fish scent fill the air, there'll be snuff juice everywhere.

Chorus 3   As Chorus 1 *To fade.*

West Side Baby

Words & Music by John Cameron & Dallas Bartley

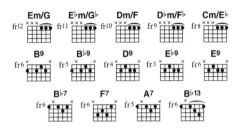

Intro

| Em/G E♭m/G♭ Dm/F D♭m/F♭ Cm/E♭ ‖

Verse 1

B9 B♭9   D9 E♭9   B♭
      I've got a west side baby,   she lives way across town.

D9 E♭9   E9 E♭9   B♭
      I've got a west side baby,   she lives way across town.

F7   E♭9   B♭7 E♭9 | B♭7 F
And when I'm with my baby,   I don't want a soul a - round.

Verse 2

B9 B♭9   E9 E♭9
      Now she's kind of tall and legged,

She's always dresing swell.

B9 B♭9   A7 B♭9
      She sets my soul on fire,

When she rang my front doorbell.

E♭9   E9 E♭9
   Yes, I've got a west side ba - by,

             B♭9 B9 B♭9 | B♭7 F7 ‖
She lives way across town.

F7   E♭9
   And when I'm with my baby,

           B♭7 E♭9 | B♭7 F7 ‖
I don't want a soul a - round.

B9 B♭9
Now Monday morning ear - ly,

E9 E♭9
Someone bang upon my door.

B9 B♭9   **B9**
I knew it wasn't my ba - by,

B♭9
'Cause she's never knocked before.

E9 E♭9   **E9   E♭9**
So I laid in bed and won - dered,

Who could the caller be.

B9 B♭9
I thought it was the insurance man

'Cause he's been heckling for me.

E♭9
 Crazy about my west side baby,

                                  B♭7
She lives way across town.

F7
And when I'm with my baby,

E♭9   **B♭7 E♭9** │ **B♭7 F7 B♭13** ‖
I don't want a soul a - round.

179

Where Did You Sleep Last Night

Words & Music by Huddie Ledbetter

[chord diagrams: E7 E7/B A G B5 B5/F#]

Intro

‖: E7 E7/B │ A G │ B5 B5/F# │ E7 E7/B :‖

Verse 1

      E7   E7/B   A   G
My girl, my girl, don't lie to me.
        B5   B5/F#   E7   E7/B
Tell me where did you sleep last night? Come on, tell me baby.
      E7   E7/B   A   G
In the pines, in the pines where the sun don't ever shine,
        B5   B5/F#   E7   E7/B
I would shiver the whole night through.

Verse 2

      E7   E7/B   A   G
My girl, my girl, where will you go?
      B5   B5/F#   E7   E7/B
I'm going where the cold wind blows, where's that baby?
      E7   E7/B   A   G
In the pines, in the pines, where the sun don't ever shine,
        B5   B5/F#   E7   E7/B
I would shiver the whole night through.

Verse 3

      E7   E7/B   A   G
My girl, my girl, don't you lie to me.
      B5   B5/F#   E7
Tell me where did you sleep last night?
            E7/B
Come on and tell me something about it.
      E7   E7/B   A   G
In the pines, in the pines, where the sun don't ever shine,
        B5   B5/F#   E7   E7/B
I would shiver the whole night through, shiver for me now.

strumental | E7   E7/B | A   G | B5   B5/F♯ | E7   E7/B |
Ah ha.

| E7   E7/B | A   G | B5   B5/F♯ |

| E7   E7/B   ‖
What happened down there?

rse 4
   E7   E7/B   A   G
Her husband was a hard working man,
    B5   B5/F♯   E7
Just about a mile and a half from here,
    E7/B
What happened to him?
   E7   E7/B   A   G
His head was found in a driver wheel,
    B5   B5/F♯   E7   E7/B
But his body has never been found.

rse 5
   E7   E7/B   A   G
My girl, my girl, don't you lie to me.
    B5   B5/F♯   E7
Tell me where did you sleep last night?
    E7/B
Come on and tell me something about it.
   E7   E7/B   A   G
In the pines, in the pines, where the sun don't ever shine,
    B5   B5/F♯   E7   E7/B | E7   E7/B | A   ‖
I would shiver the whole night through.

Who Do You Love

Words & Music by Ellas McDaniel

A♭
fr4

Intro   ‖: **A♭** :‖ *Play 17 times*

Verse 1   **A♭**
I walk forty-seven miles of barbed wire,

I use a cobra-snake for a necktie,

I got a brand new house on the roadside,

Made from rattlesnake hide,

I got a brand new chimney made on top,

Made out of a human skull,

Now come on take a little walk with me, Arlene,

And tell me, who do you love?

Chorus 1   ‖: **A♭** :‖ *Play 5 times*
Who do you love?

Verse 2   **A♭**
Tombstone hand and a graveyard mine,

Just twenty-two and I don't mind dying.

Chorus 2   ‖: **A♭** :‖ *Play 4 times*
Who do you love?

Verse 3	$A\flat$
	I rode a - round the town, use a rattlesnake whip,
	Take it easy Arlene, don't give me no lip.

Chorus 3 ‖: $A\flat$:‖ *Play 4 times*
Who do you love?

Guitar solo ‖: $A\flat$:‖ *Play 28 times*

Verse 4	$A\flat$	$A\flat$
	Night was dark, but the sky was blue,
	Down the alley, the ice-wagon flew,
	Heard a bump, and somebody screamed,
	You should have heard just what I seen.

Chorus 4 ‖: $A\flat$:‖ *Play 4 times*
Who do you love?

Verse 5 $A\flat$
Arlene took me by my hand,

And she said, "Ow-wee Bo, you know I understand."

Chorus 5 $A\flat$
Who do you love, honey?

Who do you love?

Who do you love?

Who do you love?

Outro ‖: $A\flat$:‖ *Guitar solo to fade*

Yer Blues

Words & Music by John Lennon & Paul McCartney

E   A7   G   B7   A   D   E7

Verse 1

         E
Yes, I'm lonely, wanna die,

          A7   **E**
Yes, I'm lonely, wanna die,

        G
If I ain't   dead already,

B7   **E** **A** **E** **B7**
Whoo, girl, you know the reason why.

Verse 2

        E
In the morning, wanna die,

          A7   **E**
In the evening, wanna die,

        G
If I ain't   dead already,

B7   **E** **A** **E** **B7**
Whoo, girl, you know the reason why.

Bridge 1

       E   **N.C.**
My mother was of the sky,

D   **E** **N.C.**
  My father was of the earth,

D   **E** **N.C.**
  But I   am of the universe,

       E7
And you know what it's worth.

Verse 3

     A7   **E**
I'm lonely, wanna die,

        G
If I ain't   dead already,

B7   **E**   **A** **E** **B7**
Whoo, girl, you know the reason why.

Bridge 2

      E N.C.
The eagle picks my eyes,

D   E N.C.
  The worm, he licks my bones,

D E   N.C.
  Feel so suicidal,

       E7
Just like Dylan's Mr. Jones.

Verse 4

A7   E
  Lonely, wanna die,

       G
If I ain't dead already,

B7   E   A E B7
Whoo, girl, you know the reason why.

Verse 5

E   N.C.
Black cloud crossed my mind,

D E   N.C.
  Blue mist from my soul,

D E   N.C.
  Feel so suicidal,

      E7
Even hate my rock and roll.

      A7   E
Wanna die, yeah, wanna die,

       G
If I ain't dead already,

B7   E   A E B7
Whoo, girl, you know the reason why.

Solo

| E | E | E | E | A7 | A7 | |

| E | E | G | B7 | E A | E B7 ‖

| E | E | E | E | A7 | A7 | |

| E | E | G | B7 | E | ‖

Verse 6

      E
(Yes, I'm lonely, wanna die,

      A7   E
Yes, I'm lonely, wanna die,

      G
If I ain't dead already,

B7   E A E B7
Girl, you know the reason why.)   *To fade*

You Can't Lose What You Ain't Never Had

Words & Music by Muddy Waters

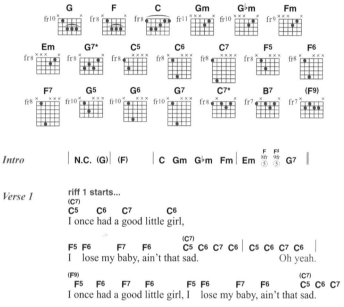

Intro

| N.C. (G) | (F) | C Gm Gbm Fm | Em F⁸ᶠʳ⁽⁵⁾ F♯⁹ᶠʳ⁽⁵⁾ G7 ‖

Verse 1

riff 1 starts...
(C7)
C5   C6   C7   C6
I once had a good little girl,

                               (C7)
F5 F6   F7   F6   C5 C6 C7 C6 | C5 C6 C7 C6
I   lose my baby, ain't that sad.   Oh yeah.

(F9)   (C7)
F5   F6   F7   F6   F5 F6   F7   F6   C5 C6 C7
I once had a good little girl, I   lose my baby, ain't that sad.

C5   C6   C7   C6
    Well you know you can't

(G7)
G5   G6   G7   G6
Spend what you ain't got,

(F9)   (C7)   F F♯ (G7)
F5   F6   F7   F6   C5 C6 C7 C6 | C 8fr 9fr G7
You can't lose what you ain't never had.   ⑤ ⑤

                                                    ...riff 1 ends

(C7) w/riff 1   **(F9)**   **(C7)**

Verse 2   I had money in the bank, I got busted, boys ain't that sad.

                (F9)

Oh you know, I had some money in the bank,

                   (C7)

I got busted, baby ain't that bad.

                 (G7)

Well you know you can't spend what you ain't got,

(F9)   C7 | C G7 ‖

You can't lose what you ain't never had.

Instrumental | **(C7)**
             | C5 C6 C7 C6 | C5 C6 C7 C6 | C5 C6 C7 C6 | C5 C6 C7 C6 |

             | **(F9)**   **(C7)**
             | F5 F6 F7 F6 | F5 F6 F7 F6 | C5 C6 C7 C6 | C5 C6 C7 C6 |

             | **(G7)**   **(F9)**   **(C7)**   **(C7)**
             | G5 G6 G7 G6 | F5 F6 F7 F6 | C5 C6 C7 C6 | C5 C6 C7 C6 ‖

(C7)w/riff 1   **(F9)**   **(C7)**

Verse 3   I had a sweet little home, it got burned down, boys ain't that bad.

                     (F9)   **(C7)**

Oh you know it wasn't my own fault, people ain't that sad.

                 (G7)

Well you know you can't spend what you ain't got,

(F9)   **(C7)** | C7 | C G7 ‖ C7 ‖

You can't lose what you ain't never had.

You Shook Me

Words & Music by Willie Dixon & J.B. Lenoir

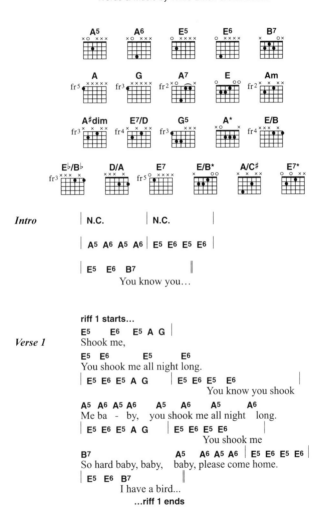

Intro | N.C. | N.C. |

| A5 A6 A5 A6 | E5 E6 E5 E6 |

| E5   E6   B7   ‖
                    You know you...

riff 1 starts...

Verse 1
E5   E6   E5 A G |
Shook me,

E5   E6   E5   E6
You shook me all night long.

| E5 E6 E5 A G | E5 E6 E5 E6 |
                      You know you shook

A5 A6 A5 A6   A5   A6   A5   A6
Me ba - by,   you shook me all night   long.

| E5 E6 E5 A G | E5 E6 E5 E6 |
                      You shook me

B7   A5   A6 A5 A6 | E5 E6 E5 E6 |
So hard baby, baby,   baby, please come home.

| E5 E6 B7   ‖
          I have a bird...

          ...riff 1 ends

erse 2   **w/riff 1**
...That whistles, and I have birds that sing.

I have a bird that whistles, and I have birds that sing.

I have a bird won't do nothing, oh, oh, oh, oh,

Without a diamond ring.

nstrumental 1 | E5   A G | E5 E6 E5 A G | E5 E6 E5 A G |
rgan

| E5 E6 E5 A G | A5 A6 A5   G5| A5 A6 A5   G5|

| E5 E6 E5 A G | E5 E6 E5 | B7 |

| A7 | E Am A♯dim | E7/D   B7   ‖

nstrumental 2 | E5 E6 E5 A G | E5 E6 E5 A G | E5 E6 E5 A G |
armonica

| A5 E5 E6 E5 | A5   G5 | A* A7 A G5 |

| E5 E6 E5 A G | E5 E6 E5 | B7 |

| A7 | E E/B E♭/B♭ D/A | E   B7   ‖

nstrumental 3 | E5 E6 E7 E5 E7 E6 | E5 E7/D Am E5 A G|
uitar

| E/B* A/C♯ E/B* A G | E7* E5 |

| A5 N.C. | A5 N.C. | E5 E6 E5 | E6   E5 |

| (B7)
| B7 | A7 | E Am A♯dim | E7/D N.C.   ‖

You know you...

Verse 3

E5   E6   E5   A G |
Shook   me babe,

E5   E6   E5   E6 | **E5 E6 E5 A G** |
You shook me all   night long.

| **E5 E6 E5 E6** |
          I know you really, really did babe. I think you

A5   A6   A5
Shook   me, baby.

     A5   A6   A5   A6 | **E5 E6 E5 A G** |
You   shook me all night   long,

| **E5 E6 E5 E6** |
          You shook me

B7   A7   N.C. *freetime*
So hard, baby, babe, I know,

| Oh ah, oh, oh | oh, oh, oh | oh, no, no | oh, no, no

You shook me | all | all night | long.

| **A5   E** |

Your Touch

Words & Music by Daniel Auerbach & Patrick Carney

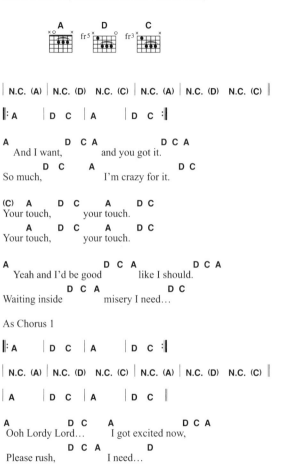

Intro
| N.C. (A) | N.C. (D) N.C. (C) | N.C. (A) | N.C. (D) N.C. (C) ‖

‖: A | D C   A | D C :‖

Verse 1
A   D C A   D C A
 And I want,   and you got it.
      D C A   D C
So much,   I'm crazy for it.

Chorus 1
(C) A D C A D C
Your touch, your touch.
    A D C A D C
Your touch, your touch.

Verse 2
A   D C A   D C A
 Yeah and I'd be good like I should.
      D C A   D C
Waiting inside misery I need…

Chorus 2 As Chorus 1

Interlude
‖: A | D C   A | D C :‖

| N.C. (A) | N.C. (D) N.C. (C) | N.C. (A) | N.C. (D) N.C. (C) ‖

| A | D C   A | D C ‖

Verse 3
A   D C A   D C A
Ooh Lordy Lord… I got excited now,
      D C A   D
Please rush,   I need…

Chorus 3
C A D C A D C
Your touch, your touch.
    A D C A D C A
Your touch, your touch.

Relative Tuning

The guitar can be tuned with the aid of pitch pipes or dedicated electronic guitar tuners which are available through your local music dealer. If you do not have a tuning device, you can use relative tuning. Estimate the pitch of the 6th string as near as possible to E or at least a comfortable pitch (not too high, as you might break other strings in tuning up). Then, while checking the various positions on the diagram, place a finger from your left hand on the:

5th fret of the E or 6th string and **tune the open A** (or 5th string) to the note (A)

5th fret of the A or 5th string and **tune the open D** (or 4th string) to the note (D)

5th fret of the D or 4th string and **tune the open G** (or 3rd string) to the note (G)

4th fret of the G or 3rd string and **tune the open B** (or 2nd string) to the note (B)

5th fret of the B or 2nd string and **tune the open E** (or 1st string) to the note (E)

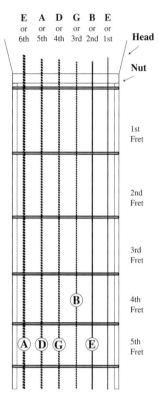

Reading Chord Boxes

Chord boxes are diagrams of the guitar neck viewed head upwards, face on as illustrated. The top horizontal line is the nut, unless a higher fret number is indicated, the others are the frets.

The vertical lines are the strings, starting from E (or 6th) on the left to E (or 1st) on the right.

The black dots indicate where to place your fingers.

Strings marked with an O are played open, not fretted. Strings marked with an X should not be played.

The curved bracket indicates a 'barre' - hold down the strings under the bracket with your first finger, using your other fingers to fret the remaining notes.

N.C. = No Chord.

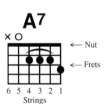